Bilder aus dem jüdischen Leben
im alten Frankfurt

PAUL ARNSBERG

Bilder aus dem jüdischen Leben im alten Frankfurt

Frankfurt am Main

Im Verlag von Waldemar Kramer

Zweite, durchgesehene Auflage 1979

ISBN 3 7829 0099 5

Bildvorlagen: Historisches Museum Frankfurt a. M.,
Sammlung Dr. Paul Arnsberg, Stadtarchiv Frankfurt a. M.

Umschlagzeichnung von Ferry Ahrlé

Druck von W. Kramer & Co. in Frankfurt am Main

Gewidmet:

Meinen seligen Eltern,
welche Frankfurt so liebten
und in Israel begraben sind;
meiner Frau,
die mir seit über 35 Jahren
selbstlos zur Seite steht;
und meinen Kindern und Enkeln,
in Israel und den Vereinigten Staaten,
welche das „alte Frankfurt“
nie kannten.

Inhalt

Vorwort

Frankfurt — als „Muttergemeinde in Israel" — hat immer noch einen magischen Glanz überall, wo Juden leben, und ist im Begriff, zu einem Mythos zu werden. In der großen Welt hat die Stadt Frankfurt das Image des früher einmal vorhandenen jüdischen Profils. Die „Frankfurter Juden" sind — soweit noch am Leben — in der ganzen Welt zerstreut und denken mit Sehnsucht an ein „verlorenes Paradies", das sie einst mitgestaltet haben.

Wirkliche Kenntnis über „das jüdische Leben im alten Frankfurt" ist im Verschwinden — es wird „vom Winde verweht".

Eine Geschichte der Juden in Frankfurt am Main ist nur bis zum Jahre 1824 vorhanden und wird wohl einmal für die weitere Periode als nüchterne Zusammenstellung von Fakten geschrieben werden — wenn überhaupt. Die Atmosphäre dieses „jüdischen" Frankfurt von einst wird niemals nachempfunden werden können von denjenigen, die sie nicht miterlebt haben. Aber gerade dieses bildhaft „Unwägbare" ist unverzichtbares Material für eine zukünftige Historie dieser „jüdischen" Zeit im alten Frankfurt, wenn man sie richtig verstehen will.

Ich habe — um dem großen Vergessen zu widerstehen — in den Jahren 1960 bis 1970 viele Episoden, Stimmungsbilder und Tatsachen festgehalten und niedergeschrieben. Diese Skizzen sind — ohne Systematik — im wesentlichen in der Frankfurter Allgemeinen Zeitung — aber auch zum kleinen Teil in anderen Publikationen — veröffentlicht worden.

Dem Wunsche meiner Leser entspreche ich, wenn ich nun einen Teil dieser Veröffentlichungen dem „lesenden Publikum" in Buchform zur Verfügung stelle. Ich danke der „Frankfurter Allgemeinen Zeitung" dafür, daß sie mit ihrer Zustimmung dies ermöglicht hat. Mögen diese „Bilder" den jüdischen Frankfurtern in der Welt eine Freude des Erinnerns geben, den Frankfurtern im „neuen" Frankfurt in ein Stück „Alt-Frankfurt" zurückversetzen, verbunden mit einem Memento.

Den Juden, welche heute hier leben, aber nicht hier geboren sind, möge das Buch Kenntnis vermitteln von Dingen, welche Respekt erheischen und eine Verbindung herstellen mit einer Tradition, welche verpflichtet.

Es war einmal ..., aber es war k e i n Märchen.

Frankfurt/Main, im November 1970

Dr. Paul Arnsberg

Das „Uhrtürmchen“ um das Jahr 1900

Gemeint ist das Uhrtürmchen mit dem wilhelminischen Geschnörkel. Dort, wo sich die („Neue“) Zeil mit der Friedberger Anlage trifft; das Herz eines jeden alten Frankfurters hängt daran. Dieses Türmchen erinnert an den architektonischen Geist der Gründerjahre, es hat das Feuer des Krieges überstanden und hat eine symbolische Bedeutung für eine Welt, welche im ersten Weltkriege versunken ist. Diese „Mikro“-Welt war das Frankfurter „Ostend“ — mit vielen Erinnerungen der Juden in Frankfurt von einst.

In der Dalbergschen Zeit, beginnend mit dem Jahre 1808, fielen die Ghettomauern der Judengasse, der späteren Börnestraße. Die jüdischen Bewohner nahmen ihre Wohnung in den umliegenden Teilen; das waren zuerst die Fahrgasse und Töngesgasse und dann der östliche Teil Frankfurts. Der Perimeter der alten Judengasse war das Ostend. Dort lebten bis zum Jahre 1880 wohl mehr als 80% der jüdischen Bevölkerung Frankfurts, aber noch bis zum Jahre 1914 dürften in diesem „Ansiedlungsrayon“ mehr als 50% der jüdischen Bevölkerung Frankfurts ihren Wohnsitz gehabt haben.

Ich bin im Jahre 1899 in diesem Stadteil, und zwar im Sandweg 2a, unmittelbar in der Nähe des „Uhrtürmchens“ geboren; kurz nach der Jahrhundertwende lebte ich dann mit meinen Eltern im Hause Hölderlinstraße 2, Ecke Hanauer Landstraße, bis zum Jahre 1915. Mitten in diesem Bezirk also haben sich starke Jugenderinnerungen geprägt.

Dieses Wohnviertel, in dem die jüdische Bevölkerung den Charakter und den Habitus bestimmten, läßt sich geographisch ziemlich genau umreißen. Wenn man von dem Uhrtürmchen den Sandweg hinaufgeht, in der Waldschmidtstraße nach rechts einschwenkt und dann von dort bis zum Röderberg geht, hat man die nordöstliche Grenze dieses Viertels fixiert, das sich bis zum Röderbergweg erstreckte.

Diesen Röderbergweg südwestlich weitergehend bis zu dem Platz, wo der alte Ostbahnhof sich befand, stößt man dann in die Hanauer Landstraße. Die Hanauer Landstraße hatte eine zentrale Bedeutung in dem Ostend und alle die kleinen Straßen südlich bis zum Main (Obermainstraße) können als der zentralste Punkt dieser „jüdischen Welt" im Ostend gelten. Das Allerheiligen Tor war wohl die Grenze des von mir zu skizzierenden Wohnviertels. Der angrenzende Bezirk Battonnstraße im Norden, Fahrgasse im Westen, Schöne Aussicht im Süden und Langestraße im Osten war kompakt jüdisch besiedelt.

In diesem östlich umrissenen Teil war das Nervenzentrum des „jüdischen Frankfurt". In diesem Bezirk fand sich nicht nur das Verwaltungsgebäude der Israelitischen Gemeinde in Frankfurt, dem früheren

Rothschildschen Geschäftshaus Ecke Börnestraße/ Fahrgasse, es befanden sich dort auch 3 Synagogen, die historische Hauptsynagoge in der Börnestraße, die gemeinde-konservative Synagoge am Börneplatz und die alte streng trennungs-orthodoxe Synagoge des Samson Raphael Hirsch in der Schützenstraße, an deren Stelle dann am 29. 8. 1907 an der Friedberger Anlage direkt in der Nähe des Uhrtürmchens ein Neubau trat. In diesem Bezirk befand sich nicht nur der Jahrhunderte alte Jüdische Friedhof am Börneplatz (Battonnstraße), der 1828 geschlossen wurde, und sich heute noch dort befindet, sondern auch unzählige jüdische Institutionen, wie Waisenhaus, Siechenhäuser, Altersheime, Suppenanstalt (Theobaldstraße), das Krankenhaus in der Königswarter Straße, die Männer- und Frauen-Krankenkasse in der Rechneigrabenstraße sowie die Realschule der Israelitischen Religionsgesellschaft am Tiergarten, neben dem damaligen Kaiser-Friedrich-Gymnasium, und auch bis zum Jahre 1908 das Philanthropin in der Rechneigrabenstraße.

Das war die Infrastruktur eines quasi autonomen Viertels, bei dem das Allerheiligen Tor gewissermaßen das offene Tor zu der großen Welt Frankfurts darstellte. In der Tat gab es auch viele, welche diesen Weg zur offenen Welt über das Allerheiligen Tor oder die Konstabler Wache nur selten betraten. In diesem Viertel befanden sich die jüdischen Metzgereien,

Bäckereien und viele jüdische Restaurationen. Wer erinnert sich noch an die Levi'schen Bäckereien (später Glauberg „O.-H."), wo man die „3-Pfennig-Stückchen" und den „Boles" kaufen konnte?

In diesem Bezirk kannte einer den anderen. Es war eine Kleinstadt im Rahmen der Großstadt. Als kleines Kind von ungefähr 4 Jahren, so wurde mir von meiner seligen Mutter berichtet, konnte ich unbemerkt meine elterliche Wohnung verlassen und zu Verwandten in die Rückertstraße gehen, ohne daß ich dabei „verlorenging". Als meine Eltern mich nicht mehr in dem Sandweg fanden, wurde ihnen von vielen Bekannten berichtet, ich sei zu anderen Verwandten in die Rückertstraße „durchgebrannt". Das war damals ein gefahrloses Unternehmen; man „verlor" sich nicht in diesem „jüdischen" Ostend.

Vor 1914 wurde das jüdische Purimfest, eine Art jüdischer Karneval, zur Erinnerung an die Errettung der Juden in Persien durch die Königin Esther Jahr für Jahr gefeiert. In den Straßen des Ostends sah man bunt verkleidete Kinder und es entwickelte sich ein Faschingstreiben beträchtlichen Ausmaßes in der Gegend zwischen Hanauer Landstraße und Ostendstraße; es fanden dort auch Purim(Faschings)-bälle statt, in vielen Sälen auch in dem Hotel Diehl, Hanauer Landstraße, in der Nähe des alten Ostbahnhofs (unweit an der Ecke Windeckstraße). Im Herbst, zur Zeit des Laubhüttenfestes, sah man in dieser Gegend hunderte von Laubhütten in den Gärten und den Veranden der Wohnungen entstehen. Die Romantik in diesen sehr schön ausgestatteten Laubhütten, in denen man die Mahlzeiten einnahm, war einzigartig. Wenn auch manchmal in kalten Herbsttagen die kühle Temperatur in diesen Laubhütten nicht immer sehr behaglich wirkte, auch wenn der Petroleumofen mit beträchtlichem Gestank einen hoffnungslosen Kampf gegen die Unbilden der naßkalten Witterung zu führen versuchte. Liturgische Gesänge aus diesen Laubhütten waren im ganzen Ostend vernehmbar; überhaupt gaben die hohen jüdischen Feiertage dieser Gegend das Gepräge. Wenn die Juden ihren „Langen Tag“ („Yom Kippur“) feierten, kamen dann auch die schon nach dem Westen oder Nordwesten Verzogenen zurück in die „historischen“ Synagogen des Ostends und zu den vielen kleineren Betstuben, welche es dort gab. Am Ausgang des „Langen Tages“ war der Börneplatz, die Börnestraße bis zur Konstabler Wache und das ganze Ostend massenhaft überfüllt; es war dann wieder das „alte“ Zentrum der Frankfurter Juden.

Aber auch die gewöhnlichen Tage des Jahres standen unter dem Gepräge einer besonderen religiös jüdischen Aktivität. Wenn das Morgen- oder Abendgebet zeitlich fällig war, sah man Hunderte von regelmäßigen täglichen Synagogen-Besuchern die Straßen des Ostends in Richtung Friedberger Anlage und Börneplatz durcheilen. Man kannte die Leute persönlich, das waren die religiösen „Geschaftel-Huber“ — im guten Sinne gemeint — und man wußte dann, es ist Zeit zum Beten. An dem 9. Aw im Hochsommer, der ein Fasttag war zur Erinnerung an die Zerstörung des Tempels, war es eine Massenerscheinung, wenn gläubige Israeliten in Pantoffeln zur Synagoge gingen, bei ungeschorenem Haare. Es war ja verboten, Lederschuhwerk an diesem Fasttag zu tragen, so wie es auch verboten war, drei Wochen lang die Haare zu schneiden oder „fleischig“ zu essen.

Wie überhaupt das Friseurhandwerk im Ostend seine spezifische Eigenprägung hatte. Man sah dort bei den Friseurmeistern, welche auf jüdisches Publikum als Kundschaft Wert legten, in hebräischen Lettern aber in deutscher Sprache immer wieder das Plakat mit der Aufschrift: „Hier wird gezwickt“. Es ist nämlich den streng gläubigen Juden aufgrund einer interpretierenden Bibelauslegung verboten, sich zu rasieren, und so praktizierten die orthodoxen Juden den Bartschnitt nur mit einer Haarschneidemaschine. Das war für die Barbiere eine durchaus familiäre Praxis, auf welche diese sich einstellten. Innerhalb 3 Wochen, in denen man sich nicht „rasieren“ ließ, war der Anblick der unrasierten Gläubigen nicht immer unbedingt ästhetisch, aber in der eigenen Atmosphäre des Ostends hatte man dieserhalb keine Komplexe zu haben. Progressive Kreise der Orthodoxie benutzten später ein Pulver zur Haarentfernung, das in der Langestraße von einer chemischen Fabrik (Britannia) hergestellt wurde. Häufig gab es dabei Verbrennungen der Haut; immer aber den nicht angenehmen Beieffekt eines penetranten Geruches, der nicht „parfümhaft“ wirkte.

Viele Schneidermeister zeigten das Plakat: „Koscher-Verarbeitung“. Damit sollte darauf hingewiesen werden, daß beim Schneidern von Anzügen das Verbot der gleichzeitigen Verarbeitung von Textilfasern aus Tiermischung und Pflanzenmischung beachtet würde. Die Zusammenverarbeitung von Wolle- und Leinenfäden galt als „Schaátnes“ und war verboten. Es war (und ist), getreu dem biblischen Verbot „zweierlei nicht zu mischen“ auch bei Kleidern verboten, eine derartige Mischung, beispielsweise von Flachs und Wolle, zu benutzen.

Vielleicht wird es noch Wenige geben, welche sich an die großen Menschenmengen erinnern, welche am ersten Tage des jüdischen Neujahrsfestes wie Pilgermassen sich zum Mainufer bewegten, und zwar hauptsächlich an der Obermainbrücke. Dort standen die traditionstreuen Gläubigen, um das Gebot des „Taschlich“ zu erfüllen. Bekanntlich heißt das wörtlich: „Du wirst werfen“, nämlich die Sünden in die Fluten. Man warf dort Brotkrumen in den Main, um sich sündenfrei zu machen. Dabei dachte man offenbar an den 19. Vers des 7. Kapitel des Buches vom

Propheten Micha, in dem es heißt: „Wiederum wird er sich unser erbarmen, wird unterdrücken unsere Schuld; ja du wirst in die Tiefen des Meeres werfen all ihre Sünden." Viele, welche mit Fanatismus zum „Taschlich"-Gebet eilten, waren sich bestimmt nicht der Symbolik dieses Brauches bewußt. Es soll darauf hingewiesen werden, da bei dem „großen Vergessen" auch diese folkloristische Eigenart heute von Niemanden mehr gewußt wird.

Innerhalb der jüdischen Gesellschaft im alten Ostend gab es Nuancierungen, welche Spannungen zum Ausdruck brachten. Das „reformerische" Element der liberalen Juden war in diesem Stadtviertel eine kleine Minderheit, die nicht dem „genius loci" dieses Milieus entsprach. Man sah auf diese liberalen „Häretiker" von oben herab; sie galten als Fremdkörper. Die Liberalen ihrerseits betrachteten die „Frommen" als Fanatiker und für rückständig. Gesellschaftsbildend war dieses „liberale" Element im Ostend nicht und immer mehr verstärkte sich aus diesen Kreisen der Wegzug nach dem Westen, Norden oder Nordwesten. Aber auch durch das streng orthodox religiöse Element ging der Trennungsstrich, wobei man sich nach dem Prinzip orientierte, ob man der „großen" Gemeinde angehörte oder „ausgetreten" war und zur „Israelitischen Religionsgesellschaft" zählte. Die persönlichen Spannungen zwischen diesen beiden Segmenten des orthodoxen Elementes gingen sehr tief und waren auch im familiären Bereich wirksam. Für den „Ausgetretenen" galt der Gemeindeorthodoxe häufig nicht als ganz gleichwertig und so paradox dies scheinen mag, die Juden der strenggläubigsten Observanz standen mit ihren Sympathien der nichtjüdischen Minderheit im Ostend näher als den andersdenkenden Juden.

Bei alle dem soll man nicht annehmen, daß diese internen Cliquendifferenzierungen irgend etwas mit der deutsch-staatsbürgerlichen Integration zu tun hatten. Der ultraorthodoxe Flügel war „deutsch bis in die Knochen". Im Jahre 1859, dem hundertjährigen Geburtstag Schillers, wurde in der Schule der Israelitischen Religionsgesellschaft durch den Rabbiner Samson Raphael Hirsch eine Schiller-Rede gehalten, in der er auf die Parallelität, wenn nicht Identität des deutsch-patriotischen und orthodox-jüdischen Denkens hingewiesen hat. Bei Ausbruch des Krieges 1914 meldeten sich besonders viele junge Leute aus dem ultraorthodoxen Milieu als Freiwillige. Von den ehemaligen Schülern der Realschule der Israelitischen Religionsgesellschaft starben nicht weniger als 66 den Heldentod im Kriege 1914/18. Die Atmosphäre in dieser Schule war bestimmend für das ganze Ostend in ihrer Eigenartigkeit. Dort vollzog sich eine Symbiose der streng orthodoxen jüdischen Ideologie mit dem ultradeutschen Patriotismus. Es war undenkbar, sich den fanatisch streng orthodoxen Direktor dieser

Schule vor dem 1. Weltkrieg, Dr. Gerson Lange, ohne „Käppchen“ als traditionell jüdischer Kopfbedeckung während des ganzen Jahres vorzustellen. Die Kopfbedeckung war ein Zeichen streng orthodoxer Gepflogenheit und nur einmal im Jahre wurde von ihm eine Ausnahme praktiziert. Das war bei der Kaiser-Geburtstagsfeier, die jährlich am 27. Januar in der Aula dieser Schule stattfand, wobei der Direktor natürlich eine angemessene patriotische Rede seinen Schülern hielt. Bei Beendigung dieser Rede wurde das Hoch auf Seine Majestät, den Kaiser und König Wilhelm II. ausgebracht, und das war der Augenblick, wo das Käppchen als Kopfbedeckung in die Hand genommen wurde, um bei unbedecktem Haupte mit Begeisterung das „Hurra“ auf Seine Majestät auszubringen. Das mag heute grotesk erscheinen, wurde aber so praktiziert und als ehrlich und konsequent empfunden.

Bei aller Bedeutung, welche Frankfurt als jüdisches Zentrum in der Welt hatte, gab es einen streng vaterländisch deutschen Partikularismus, auch in den strenggläubig orthodoxen Kreisen. Er kam zum Ausdruck in der diskriminierenden Behandlung des ostjüdischen Elementes, das in der Gesellschaft nicht als gleichwertig angesehen wurde. Sie hatten in den Gemeinden keinen Einfluß und wurden als „Pollaken“ charakterisiert und tituliert. Eine Heirat zwischen einem deutschen Juden und einem polnischen

Juden galt als eine Mesalliance. Die besonders deutsche Gesinnung trennungsorthodoxer Prägung war eine Frankfurter Spezialität, wo Spannungen weltanschaulicher Art innerhalb des jüdischen Sektors im Ostend — und nicht nur im Ostend — häufig höchst persönliche Ausmaße annahmen.

Bei der Errichtung eines „Eruw", das ist eine religiöse Institution, die es den Juden erlauben sollte, am Sabbat zu „tragen", kam es zwischen den Gemeindeorthodoxen und Trennungsorthodoxen zu unüberbrückbaren Differenzen. Man weigerte sich bei den Trennungsorthodoxen die zu diesem Zwecke um die ganze Stadt gelegte Einzäunung eines symbolischen Drahtes anzuerkennen und erklärte diesen „Eruw" als nicht „koscher". So kam es, daß die Gemeindeorthodoxen von der Erleichterung Gebrauch machten, am Sabbat zu tragen, während es für die Trennungsorthodoxen eine Todsünde war, von dieser Erleichterung Gebrauch zu machen. Man konnte in diesen Kreisen also am Sabbat noch nicht einmal ein Taschentuch tragen und überwand diese Unbequemlichkeit dadurch, daß man mit einer Sicherheitsnadel das Taschentuch an die Tasche befestigte. Das führte zwar dazu, daß man im Bedarfsfall die Nase beugen mußte, um mit dem Taschentuch in Berührung zu kommen, aber so war es.

Die streng orthodoxen Rabbiner der beiden Frankfurter Gemeinden sprachen nicht miteinander und sahen in der persönlichen Feindschaft des Nichtkontaktes Ausdruck einer religiösen Konsequenz, wobei diese Aggression von der trennungsorthodoxen Seite ausging, für die besonders der Schwiegersohn und Nachfolger von Samson Raphael Hirsch, der Rabbiner Dr. Salomon Breuer, typisch war. Bei aller strikten Observanz gaben sich die Orthodoxen, welche etwas von ihrem Leben genießen wollten, am Sabbat einen Ausweg. Sie verkehrten in Kaffeehäusern und Konditoreien, in denen man „Kredit" gab. Viele nichtjüdischen Etablissements und Konditoreien hielten es für geschäftstüchtig, durch ein Plakat anzuzeigen: „Hier wird am Sabbat Kredit gegeben".

Zu den spezifischen Erinnerungssplittern gehörte die jährliche Vereidigung der jungen jüdischen Rekruten in der Synagoge am Börneplatz. Es marschierten, häufig fast in Zugstärke, jüdische Rekruten unter Führung eines Offiziers oder des dienstältesten jüdischen Vizefeldwebels in die Synagoge und wurden dort religiös vereidigt. Das war eine streng martialische Angelegenheit.

Der Samstagabend oder der Abend bei dem Ausgang der jüdischen Feste war im Ostend eine Angelegenheit der leichten Muse. Man traf sich in den vielen Gartenwirtschaften, kam natürlich mit belegten Broten und trank dazu Bier oder Äpfelwein. Zu den Herbstfeiertagen war der „Süße" mit Nüssen fast eine jüdisch religiöse Zeremonie.

Obwohl es nichts mit der Geschichte des Ostends direkt zu tun hat, ist darauf hinzuweisen, daß es bis 1914 eine Selbstverständlichkeit war, daß die großen Kaufhäuser in der Zeil alle an den hohen jüdischen Feiertagen im Herbst geschlossen hatten, und zwar ohne Ausnahme. Das waren die Kaufhäuser Julius Obernzenner, gegenüberliegend das Haus Fuhrländer, das Warenhaus Wronker, das Kaufhaus Schmoller, später Kaufhaus Hansa (heute Hertie), das Pelzgeschäft D. Cohn jun. und direkt an der Hauptwache Gustav Carsch & Co., das Modehaus Robinson und auf der anderen Seite Bamberger und Hertz und Frank & Baer. Die Zeil war geschäftslos und die Frankfurter Bevölkerung hatte sich darauf eingestellt. Das gleiche war mit der Aktivität der Frankfurter Börse, bei der die „Frankfurter Zeitung" jährlich in ihren Börsenberichten schrieb, daß die Geschäftstätigkeit „wegen der jüdischen Feiertage nur gering war". So wie das heute jährlich die „New York Times" schreibt.

Bei Wahlen war die Reaktion im Ostend besonders bemerkenswert. Die ultraorthodoxen Juden, die man in nichtjüdischen Kreisen als klerikal und zuverlässig antirevolutionär ansah, gehörten in vielen Fällen zu den zuverlässigsten Wählern der Deutschen Zentrumspartei.

Der Sabbat war der Tag, an dem man nachmittags zu der Friedberger Anlage strömte und dort wie in einem Korso sich vom Hessendenkmal bis zu dem Mainufer bei der Promenade ein Stelldichein gab. Das „Uhrtürmchen“ in der Friedberger Anlage war der Zentralpunkt dieses Korsos. Das war einmal in der Woche jeweils nur für wenige Stunden, bis man auf dem Uhrzeiger sah, daß die Zeit zum Abendgebet geschlagen hatte. Eine Uhr selbst „trug“ man in vielen Fällen nicht, und so war das Uhrtürmchen so etwas wie ein Minarett im Orient, wo der Muezzin zum Gebet ruft. Der Muezzin war in diesem Fall das „Uhrtürmchen“ in der Friedberger Anlage.

Alles das hörte in der Zeit des ersten Weltkrieges zwischen 1914 und 1918 auf. Auch der Charakter der Börnestraße, wo noch sehr vieles an die alte Judengasse strukturmäßig bis 1914 erinnerte, wie zum Beispiel das Café Goldschmidt, die jüdischen Lebensmittelgeschäfte, Trödlerläden und das Rothschild-Haus, verloren in den darauf folgenden Jahren ihren Charakter.

Das Ostend hörte auf, für das „jüdische“ Frankfurt bestimmend zu sein, die bessere Gesellschaft zog nach dem Westen. Auch das Philanthropin, welches ursprünglich in der Rechneigrabenstraße sich befand, zog nach der Hebelstraße um, damit dem Zug der Zeit und der Schüler folgend. Man mag Fakten aus der Geschichte der Juden in Frankfurt mehr oder weniger richtig rekonstruieren, die Atmosphäre ist nicht reparabel. Damit diese nicht ganz vergessen wird, war hier von dem Uhrtürmchen „symbolisch" die Rede. Auch wenn die Uhr dort weiter tickt, die Zeit dieser Uhr ist abgelaufen.

Die Juden und das Profil der Stadt

Als kurz vor 1870 in Paris und Wien prunkvolle neue große Operntheaterhäuser auf Staatskosten errichtet wurden, wollten die wohlhabenden Familien — schon für eine glänzende Repräsentation — auch so etwas in Frankfurt haben. Hier gab es damals immerhin an die 400 Millionäre. Die sparsame Stadtverwaltung unter Oberbürgermeister Miquel sagte erst dann „Ja", als die Männer der Börse, der Banken, des Handels und der Industrie den „ergiebigen" Betrag von 450 000 Gulden (800 000 Mark) durch Sammlung aufgebracht hatten.

Nach Beendigung der Bauzeit (1873—1880) stellte sich heraus, daß allein die reinen Baukosten 4,2 Millionen Mark betrugen. Damit war der Voranschlag um einen Millionenbetrag überschritten.

Der „alte Kaiser" (Wilhelm I.) — von dem Prunkbau bei der Einweihung begeistert — anerkannte lobend: „So etwas können doch nur die Frankfurter sich leisten".

Die Familien, die eine Loge im ersten Rang hatten (das feinste Abonnement für die „haute volée" war der Donnerstag), wußten, daß man sich im ganzen Hause zuflüsterte: „Da kann man nur sitzen, wenn man mindestens 20 000 Gulden gestiftet hat“. So brachte eine große Spende auch noch die Steigerung des „Renommees“.

Die Goldschmidt-Rothschilds hatten nach der Jahrhundertwende die große Balkon-Proszeniumsloge links *jeden* Abend das ganze Jahr über gemietet.

Der heute noch sichtbare Wahlspruch „Dem Wahren, Schönen, Guten“ verdankt man der Anregung des Goethe-Forschers — er war Lehrer des Philanthropins und später der Musterschule — Theodor Creizenach, dem protestantisch gewordenen Abkömmling einer bedeutenden alten jüdischen Familie.

Die typisch „Frankfurter Szene“ um die Jahrhundertwende kann vielleicht am besten durch einen Hinweis auf die Familienstory der „Speyers“ pointiert werden. Diese alte Frankfurter jüdische Familie, welche bis um das Jahr 1800 herum an Reichtum und Bedeutung um ein Vielfaches die Rothschilds übertraf, starb in Frankfurt im Jahre 1902 durch den Tod des Georg Speyer in der Manneslinie aus. Dieser letzte Speyer — als Bankier die treibende Kraft des Bankhauses Lazard (Lazarus) Speyer-Ellissen (Eliassohn) — stiftete Millionenbeträge für philantropische Zwecke, an die heute noch u. a. die Frankfurter Universität und das Georg-Speyer-Haus mit der einst dortigen Tätigkeit von Prof. Dr. Paul Ehrlich erinnern. Die Zweige des Hauses Speyer kamen in New York, besonders aber in London, wo Edgar Speyer im Jahre 1906 als Baronet geadelt wurde, zu großer Bedeutung. Aber Speyer und Frankfurt sollten Synonyme bleiben.

Als der New Yorker James Speyer bei einem Lunch in London mit Wilhelm II. zusammenkam, fiel es dem Kaiser auf, wie niedergeschlagen dieser „Speyer" war, keinen Sohn als Nachfolger und Namensträger zu haben. „Es müssen doch noch einige Speyers in Frankfurt übrig geblieben sein", sagte der Kaiser. „Nein", antwortete traurig „Jimmie" dem Kaiser. „Das gibt es nicht, es muß immer ein Speyer in Frankfurt sein".

So verfügte dann Wilhelm II., daß der Seniorchef von „Speyer-Ellissen" in Frankfurt, Speyers Schwager Eduard Beit, für die Zukunft mit seinem Erben den Titel „von Speyer" seinem Namen hinzufügen dürfte. Womit ein „künstlicher" Speyer in Frankfurt geschaffen war.

*

Mit dieser Typologie kann man vielleicht etwas über den genius loci der damaligen Zeit aussagen, aber es ist nur eine Seite eines Profils. In der „Neuen Rheinischen Zeitung" vom 7. Juni 1848 charakterisierte Karl Marx das Klima der „Freien Stadt" ganz anders: „Die deutsche Nationalversammlung leidet an einer eigentümlich germanischen Krankheit. Sie residiert in Frankfurt am Main, und Frankfurt ist nur ein ‚idealer' Mittelpunkt, wie er der (bisher) ‚idealen' d. h. der nur eingebildeten Einheit Deutschlands entsprach. In Frankfurt ... (das ohne revolutionäre Bevölkerung ist) residiert die konstituierende Versammlung einer ‚großen Nation in einer *kleinen* Stadt'." Hier in der behaglichen Stille ist man den Schikanen der „Frankfurter Pfahlbürger" ausgesetzt, für den der Frankfurter Stadtadel, der nur Geldadel ist, typisch erscheint. In diesem „Zwerg unter den Staaten" war nach Ansicht sozialistischer Kreise für den Historiker nichts von der oft beschworenen demokratischen Tradition zu finden. Für Ferdinand Lassalle war Leopold Sonnemann — der zeitweise ungekrönte Herrscher Frankfurts — derjenige, welcher in seiner damals „Neuen Frankfurter Zeitung" in einer selbständigen Arbeiterbewegung nichts anderes als ein „Element der Zersetzung" sah. So sah man in „linken" Kreisen den bürgerlichen Liberalismus Sonnemannscher Prägung in Frankfurt, über den noch zu sprechen sein wird.

Leopold Sonnemanns bürgerliche Demokratie war mehr als eine Lokalmacht, und Bismarck konnte einst den Berliner Redakteur der „Frankfurter Zeitung" August Stein scherzhaft — aber nicht zu Unrecht — als den „Gesandten Sonnemanns am preußischen Hofe" bezeichnen. In Frankfurt wurde oftmals auf die Frage: „Was sind Sie?“ die Antwort gegeben: „Leser der ‚Frankfurter Zeitung‘!“

Auf der anderen Seite sah Heinrich von Treitschke — durch das höfische Element des Bundestages — in Frankfurt den alten ehrenfesten bürgerlichen Geist verfälscht. Es entstand ein krankhafter Dünkel, da viele der alten Patriziergeschlechter und die gesamte Börsenwelt in das Ränkespiel der Diplomatie verwickelt wurden.

Aus dieser Vielfalt von Impressionen, welche alle irgendwie richtig waren, kristallisierte sich der zur Wahrheit gewordene Mythos, wie ihn mit Goethe Alfons Paquet formulierte: Frankfurt ist die heimlich Hauptstadt Deutschlands!

*

Analytische Geschichtsforschung und Soziologie geben uns aber tiefere Hinweise, welche nicht übergangen werden können. Es steht jedenfalls fest, daß Frankfurt ein Profil hatte und mehr als nur eine seelenlose Akkumulation geschichtsloser Wohnstätten war.

*

Man ist heute geneigt, bei alten Frankfurtern und bei denjenigen, welche aus dem Ausland nach hier zum kurzen Besuch kommen, sehr summarisch zu urteilen und dieses neue Nachkriegsgebilde mit der Etikette zu versehen: „Hier stand Frankfurt“. Auf Befragen antworten nicht wenige, daß sie nach dem „alten Frankfurt“ gerne zurückkehren würden, aber das heutige Frankfurt — als amerikanisierte Stadt der Hochhäuser — sei kulturlos, ohne Atmosphäre, für sie fremd. Die Altstadt fehle, die Gemütlichkeit sei verschwunden, und der genius loci einer Zeit, als „man“ sich im „Museum“, Hochstift, Senckenberg oder Theater traf und als „Einheit“ sich empfand, sei „vom Winde verweht“.

Diese Beobachtung wird dem „Zeitumstand“ nicht gerecht, daß seit der „goldenen Zeit“, die bis zum ersten Weltkrieg oder vielleicht bis zur Inflation zu rechnen ist, mehr als fünfzig Jahre vergangen sind und man *immer* geneigt ist, die „gute alte Zeit“ der eigenen Jugend mit einer Gloriole zu versehen, wobei der Entwicklungsfortschritt übersehen wird. Diese „Romantik“, welche rein gefühlsmäßig Dinge simplifiziert, wurde zu Recht einmal als „sentiment pour la nature et des ruines“ definiert, und das ist sie. Daher besagt sie als Soziologie der „alten Leute“ nichts über unser Thema aus, das eine historische Analyse erfordert.

Früher war hier das geflügelte Wort zu hören: „In Frankfurt besitzen die Katholiken die Kirchen, die Lutheraner die Macht, die Kalviner das Geld“ — und das war weitgehend noch bis zum Jahre 1866, als die freistädtische Selbständigkeit verloren wurde, richtig. Eine gewisse Einschränkung dieser Sentenz ergab sich seit der napoleonischen Zeit, als mit der häufig legendär *falsch* verstandenen Bedeutung der Emanzipation der Juden in Frankfurt die Kräftepositionen sich zu verschieben begannen. Den wirklichen Wechsel brachte nämlich erst das Jahr 1866 — aber auch dieser Einschnitt der Geschichte war nur scheinbar revolutionär, historisch aber konsequent.

*

Mit der Annektierung Frankfurts durch die Preußen verlor Frankfurt den Charakter einer „kaiserlichen" oder „Bundesstadt" sui generis, mit internationaler Weltoffenheit ausgerichtet nach dem „österreichischen" kaiserlichen Wien, und nicht gering tendierend nach Paris und den Vereinigten Staaten. Die Vormacht der adligen Geschlechter war gebrochen, das Frankfurter Selbstgefühl war tödlich verletzt, und ein „horror vacui", die Scheu vor dem Unbekannten breitete sich aus; Frankfurt drohte Provinzstadt zu werden. Die katholische Gemeinde war zahlenmäßig schwach (vor den Eingemeindungen des 20. Jahrhunderts) und auch wirtschaftlich ein schwaches Element. Frankfurt war ein „längst verwester politischer Leichnam" und präsentierte 1866 eine Leere, in welche die Frankfurter Juden als konstitutives Element eintraten und gestaltend bis zur Inflationszeit blieben, bis sie dann ab dem Jahre 1933 endgültig aufhörten, ein Faktor zu sein.

*

Der seelische Zusammenbruch der herrschenden Patrizierklasse Frankfurts war 1866 total; der Bürgermeister Fellner verübte aus Verzweiflung Selbstmord. Die von den Preußen auferlegten Kontributionen drohten den „Reichtum“ Frankfurts zu vernichten. Hier griff das Bankhaus M. A. Rothschild & Söhne durch Finanzierungshilfe ein, und es war der Literat Theodor Creizenach, der durch seine Beziehungen zu Frau Louise von Bülow über die Königin den König von Preußen veranlaßte (im Widerspruch zu Bismarck), an Frankfurt die Kontribution aus seiner Privatschatulle zurückzuvergüten. Dabei waren die Rothschilds durchaus nicht preußenhörig, als sie 1866 Bundesgelder in Höhe von 5 Mio. Gulden nach der Bundesfestung Ulm sicherstellten und so dem preußischen Zugriff entzogen. Schon im Jahre 1852 hatte Rothschild als Bankier des Deutschen Bundes — gegen preußischen Willen — der „deutschen Flotte“ durch Kredite ausgeholfen. Der überragende jüdische Wissenschaftler Dr. Abraham Geiger — ein alter Frankfurter übrigens —, damals Rabbiner in Frankfurt, wandte sich 1866 an den preußischen Civilgouverneur von Patow mit der Idee, daß das wirksamste Mittel zur Beruhigung Frankfurts die Errichtung einer Universität sei. Ohne Erfolg, denn Marburg und Gießen widersprachen und Bismarck lehnte ab. Viele Altfrankfurter wanderten aus, und in Frankfurt blieben jetzt konstitutiv die preußischen Verwaltungsbeamten und die Juden, welche Frankfurt zur „Hochburg des deutschen Manchestertums“ machten mit weltweiten Kontakten — aber bei Aufrechterhaltung der uralten Frankfurter Tradition. Was Frankfurt in den Jahren seit 1866 das Gepräge gab, in dem kleinen Bezirk von Börse bis zur Oper, in Wirtschaft, Finanz, Geisteswissenschaft, Politik und Philantropie, waren die „Frankfurter Juden“. Dies als Essential für das Profil dieser Stadt nachzuweisen, könnten Bücher umfangreich dokumentieren, aber der Beweis kann hier kurzerhand und „ab ovo“ geführt werden.

Würde bei einer Halbmillionenstadt — wie es häufig vorkommt — ein Bevölkerungsrückgang von 5 bis 6% festgestellt werden, so würde damit wesensmäßig sich nichts ändern, auch nichts in deren Profil — falls ein solches vorhanden gewesen wäre. Der Wegfall von 30 000 Frankfurter Juden seit 1933 hat eine soziologische Typologie von Grund auf geändert und für „Frankfurt“, „wo einst Frankfurt stand“, die Suche nach einem neuen Profil vordringlich als Problem gestellt. Es wird heute — häufig wehmütig — aber allgemein anerkannt, daß die Juden diese Stadt profilierten („Ach! Hätte mer die Judde noch!").

Dieses vielseitige Phänomen kann detailliert in diesem Rahmen auch nicht annähernd präsentiert werden, aber Einzelsymptome und Porträts sind illustrativ darstellbar. Das soll geschehen, aber auch geistesgeschichtlich und historisch sind gewisse Hinweise unverzichtbar.

*

Im Jahre 1907 gab es absolut mehr *alte* jüdische Familien in Frankfurt, die ihre Abkunft bis 1500 zurückleiten konnten, als christliche. Wohl nur in Frankfurt trugen die Juden seit dem fünfzehnten Jahrhundert bürgerliche Namen (anderswo erst seit der napoleonischen Zeit), was mit der Absonderung in dem Ghetto der Judengasse seit 1462 zusammenhängt. Hahn, Flesch, Rothschild, Kann, Schiff usw. sind keine adoptierten Familienbezeichnungen, sondern Namen von Häusern, „zum Hahn", „zur Flasche", „zum roten Schild", „zur Kanne" oder „zum Schiff", die zu den Namen ihrer Hausbesitzer wurden.

Der rituell gebräuchliche Namen für Frankfurt war u. a. in rabbinischen Scheidebriefen „Franknurt", was Franken-Ort bedeuten soll, also darauf hinweist, daß in uralter Zeit — bevor es überhaupt ein Frankfurt gab — Juden schon in dem „Franken-Ort" wohnten. Noch im 20. Jahrhundert erschienen in Frankfurt hebräische Bücher und gottesdienstliche Mitteilungen mit der Imprimatur „Franknurt", was auch als Hinweis auf die ultrakonservative Mentalität der Frankfurter Juden ausgelegt werden kann.

In ihrer langen Geschichte (vielleicht schon lange vor der Zeit Karls des Großen) waren die Juden ein konservatives Element und mit dem Rat der Stadt, ebenso wie später mit dem „Senat" politisch koaliert. Das zeigte sich im Schmalkaldischen Krieg (1552), im Dreißigjährigen Krieg ebenso wie im Fettmilch-Aufstand des Jahres 1614, als die sozial revolutionäre Unruhe gegen den Rat der Stadt und den Kaiser sich an den Juden entlud.

*

Damit soll nicht die weitverbreitete Legende, als ob gerade in Frankfurt die Lage der Juden besonders gut gewesen sei, untermauert werden. Die Frankfurter Judengasse war das dichtbevölkerteste Areal der Erde, und die Juden lebten dort eingepfercht unter unbeschreiblich schlechten Verhältnissen. Frankfurt war nach Amsterdam die bedeutendste jüdische Gemeinde Europas, das „Klein-Jerusalem" der jüdischen Welt — eine „Muttergemeinde in Israel" mit weltweiter Autorität. Die Beziehungen zwischen dem Rat der Stadt Frankfurt und den Juden waren interessenmäßig motiviert, politisch häufig gleich koordiniert, aber im wesentlichen durch eine oft variierende ambivalente Haß-Liebe bestimmt.

In Frankfurt gab es in den „Stättigkeiten“ immer drastische Diskriminationen gegen die Juden, was festgestellt werden muß, um einer oft üblichen Verniedlichung der Haltung der „guten“ Stadt Frankfurt zu „ihren“ Juden endlich die Basis zu entziehen.

Erst im Jahre 1803 fiel der diskrimienierende Leibzoll, den Juden — wie das Vieh — zu zahlen hatten. Am 28. 9. 1806, als Dalberg Fürst-Primas des Rheinbundes mit Sitz in Frankfurt wurde, war es den Frankfurter Juden erstmals erlaubt, die „Anlagen“ zu betreten. Im Jahre 1807 galten die Juden noch als „Fremde“; erst im Jahre 1808 begannen emanzipatorische Erleichterungen sich durchzusetzen, die dann, als Dalberg Großherzog von Frankfurt wurde, mit der Erteilung der vollen Bürgerrechte im Dezember 1811 final wurden. Als am 31. 12. 1813 — nach dem Einmarsch der Alliierten in Frankfurt anfangs November — Bürgermeister und Senat erneut die Macht übernahmen, wurden schon im März 1814 die Bürgerrechte der Juden wieder annulliert.

Man plante die Reetablierung des Ghettos; Freiherr vom Stein von der Zentralverwaltung der Alliierten — ein wütender Antisemit— empfahl die Aussiedlung der Juden nach der Nordküste Afrikas. —

Ein Gedanke, dem sich Hardenberg, Humboldt und Metternich leidenschaftlich widersetzten. Es begann ein elfjähriger Kampf — nach dem Ende des „Wiener Kongreßes“ — mit vielen Auf- und Ab's. Im Jahre 1816 führte man neue Beschränkungen bei dem Kauf von Häusern ein, und zwei Senatoren schlugen Verhandlungen mit der Türkei vor, um die Juden nach Palästina fortzuschaffen. Es kam schließlich zu dem Entwurf einer neuen Judenordnung im Jahre 1817 mit vielen Beschränkungen. Die Advokatur blieb verschlossen, nur drei jüdische Ärzte wurden zugelassen, und ein größerer (!) Judenbezirk wurde zugestanden! (sic!)

Die Spannung wurde im Jahre 1819 infolge der Brotkrise so groß, daß das Haus Rothschild und Baron A. M. von Rothschild damit drohten, Frankfurt für immer zu verlassen. Man demonstrierte an der Konstablerwache mit HEP HEP-Rufen (Hierosolyma est perdita) und Steinwürfen. Als die Bundesversammlung, in der Großen Eschenheimer Straße tagend, die Mainzer Garnison in Marsch setzte, griff der Frankfurter Senat mit Truppenaufgebot schließlich ein.

Erst seit 1820 verkehrten die Bethmanns, Gontards und Brentanos mit den Juden.

Am 2. 9. 1824 kam es schließlich zu einer Einigung, und man gab den Juden eine sehr eingeschränkte bürgerliche Gleichstellung als *„israelitische* Bürger“

der Freien Stadt Frankfurt. Für die „kalte“ Stimmung in dieser Zeit war es charakteristisch, daß bei dem Festbankett aus diesem Anlaß keiner der Bürgermeister anwesend war.

Unter den sehr vielen Beschränkungen — von dem Ausschluß des passiven Wahlrechtes abgesehen — ist besonders hervorzuheben, daß in Frankfurt nur 15 jüdische Eheschließungen jährlich erlaubt waren. Diese Reglementierung fiel zum Teil erst 1834 weg, und bis zum Jahre 1848 waren jüdische Bürger, die späterhin gewaltige Bedeutung für Frankfurt und die Welt erlangten (u. a. Cassella, Budge), häufig gezwungen, in Rödelheim oder Offenbach zu heiraten. Die nahezu völlige Gleichberechtigung der Juden ergab sich vorübergehend 1848 bis zum Jahre 1850, um dann am 3. 10. 1864 erst endgültig zu werden — ausgeweitet dann durch die preußische Administration seit 1866.

Auch das muß man wissen, wenn man von dem Profil Frankfurts Kenntnis nimmt und dabei die Rolle der Frankfurter Juden im „alten Frankfurt“ mit in Betracht zieht.

*

Im Rahmen dieser Beschränkungen war die Anteilnahme der Frankfurter Juden im 19. Jahrhundert an dem einmaligen Aufstieg dieser Stadt und ihrer

Institutionen gewaltig und vor allem tief geistig motiviert. Im Jahre 1866 gewann diese Entwicklung, die schon mit der Gründung des Philanthropin im Jahre 1804 ausgelöst worden war, ihre besondere Dynamik. Durch die Einführung des preußischen Freizügigkeitsgesetzes fielen die Zuwanderungsbeschränkungen gemäß der Verfassung von 1816 weg, denen zufolge das Frankfurter Bürgerrecht an ein Vorzeigegeld von 5000 Gulden oder an eine Einheirat mit einer Frankfurter Bürgerin gebunden war. Das Ergebnis war ein starkes Ansteigen auch des jüdischen Bevölkerungsteiles, der im Jahre 1864 etwa 10% ausmachte. Im Jahre 1864 wohnten 7620 Juden in Frankfurt; diese Zahl war 1868 schon 8238 und stieg bis zum Jahre 1871 auf 10 009, um 1880 bei 13 856 (10,13%) zu liegen. 1926 wurden als „Höchstzahl" 29 385 Frankfurter Juden gezählt (6,3%), deren Anteil bis anfangs 1933 auf 26 158 (4,7%) abgesunken war. Zu Ende 1933 gab es durch die Flucht der hessischen Landjuden vor dem Nazidruck ein meteorhaftes Aufflackern der Statistik, als man an die 33 000 Juden in Frankfurt zählte. Nach dem Kriege waren in Frankfurt wieder an die 600 Juden und heute beläuft sich ihre Zahl auf 4300.

Diese Ziffern sollen einmal gegeben werden, nicht nur um oft falsche Vorstellungen von dem „jüdischen" Frankfurt zu korrigieren, sondern auch um in richtiger Faktizität zu zeigen, was der reale Hintergrund für die schon legendär gewordene Dynamik der „Frankfurter Juden“ im 19. und zu Beginn des 20. Jahrhunderts war.

Die „Frankfurter Juden“ manifestierten in ihrem Wesen konservativste Beziehung zu bodenständiger Tradition verbunden mit liberaler Weltaufgeschlossenheit und patrizierhaftem Dünkel mit urbanem Internationalismus. Es war demokratisches Bekenntnis in der Politik in Symbiose mit steifstem — beinahe spanischem — Protokoll in der Form. Sie waren die Frankfurter „kat exochen“, übrigens auch im jüdischen Ritual der religiösen Gebräuche, wo es ganz einfach hieß: „In Frankfurt betet man so“ — ungeachtet dessen, was in der übrigen jüdischen Welt üblich war.

Ludwig Boerne (1786—1837), der als „Löb Baruch“ in der Judengasse geboren wurde, 1818 aber in Rödelheim dem Zeitgeist entsprechend „in aller Stille“ zum Protestantismus übertrat, war nicht nur der Begründer des deutschen Feuilletons und wohl der erste deutsche Journalist modernen Stiles überhaupt, sondern er war auch selbstbewußter Frankfurter. Als „israelitischer Bürger“ Frankfurts trug er seinen Paß als „juif de Francfort“ mit dem Selbstbewußtsein eines Civis Romanus des römischen Imperiums, einem Selbstbewußtsein, welches Friedrich Stoltze in den Versen verewigt hat:

Es is kaa Stadt uff der weite Welt
Die so merr wie mei Frankfort gefällt,

Un es will merr net in mein Kopp enei:
Wie kann nor e Mensch net von Frankfort sei!

Es war simpel konservativer Frankfurtismus, wenn der Frankfurter Dialekt besonders stark gerade von Juden gesprochen wurde. Stoltzes „Krebbelzeitung“ war die Lieblingslektüre des Barons Amschel Mayer von Rothschild, und nicht wenige Hundertguldenscheine wurden von ihm dem „Stoltze in die Rippen gestoßen“. Durch den „Frankfurter Dialekt“ wurden unzählige Ausdrücke jüdischen (hebräischen) Ursprungs auch bei dem nichtjüdischen Element Sprach- und Kulturbesitz eines spezifischen Frankfurtertums.

Auch jüdische Straßentypen wie der „Kannix“ (Rabbi Liffgens) oder der „Davidsburg“ — von Stoltze populär gemacht — sind als „Originale“ von der Gesamtbevölkerung rezipiert worden. Aus diesem Frankfurtertum entstand — wie bei den anderen Teilen der Bevölkerung — bei den „Frankfurter Juden“ ein gewisser patrizierhafter Komplex der Überlegenheit, wenn nicht gar des Snobismus. „Ein Lokalpatriotismus besonderer Prägung war Juden und Nichtjuden in seltenem Maße gemeinsam“, schreibt gerade jetzt Dr. Nahum Goldmann in seinen „Erinnerungen“ aus seiner Jugendzeit in Frankfurt. Nur wenn man diese konservative, beinahe restaurative Komponente der Frankfurter Judenschaft erkennt, wird man dem Wesen des verlorenen Profils dieser Stadt gerecht. Auch der „jüdisch" demokratische Geist des Fortschritts war stockkonservativ, wie alles in diesem alten Frankfurt.

*

Metternich wurde in Frankfurt bei den Unruhen des Jahres 1848 von dem Syndikus des Hauses Rothschild — dem bedeutenden ursprünglich jüdischen Advokaten Dr. jur. Maximilian Reinganum — versteckt und vor den Volksmassen in Obhut genommen. Reinganum (seine Vorfahren kamen aus Rheingönnheim) war ein Freund Boernes, und von ihm stammt das geflügelte Wort: „Frankfort fährt selte aus; fährts awer aus, so fährts vierspännig". Gabriel Riesser aus Hamburg, viele Jahre in Bockenheim lebend, war der mäßigend wirkende (jüdische) Vizepräsident der Nationalversammlung.

Als gewisse Kreise im Jahre 1848 die Frankfurter Juden beschuldigten, hinter den Unruhen als Anstifter zu stehen, war es der liberale Rabbiner Dr. Leopold Stein, der sich in einer Bekanntmachung an „die Einwohner der Freien Stadt Frankfurt" am 10. März 1848 mit „Entrüstung" wandte und diese schändliche Anschuldigung als „Lüge" zurückwies. Sogar im jüdisch religiösen Sektor hielt sich in Frankfurt die „Reform" in gemäßigtem Rahmen und war, verglichen mit anderen jüdischen Gemeinden, geradezu „konservativ“, wobei die gesetzestreue Haltung der Rothschilds mit eine große Rolle gespielt haben mag.

Der Frankfurter konservative Bürgergeist jüdischer Prägung läßt sich am besten durch ein „Porträt“ von Leopold Sonnemann verstehen, der seit 1849 Frankfurter Bürger war. Im Jahre 1856 erschien sein „Geschäftsbericht“, aus dem bald die „Frankfurter Handelszeitung“ wurde. 1860 war es die „Neue Frankfurter Zeitung“, und im November 1866 erschien die erste Nummer der „Frankfurter Zeitung“ als Anfang des Aufstiegs zum Weltblatt. Diese Zeitung war als Blatt des „Fortschritts“ der beste Ausdruck zeitgenössischer Publizistik, wie sie bei Frankfurts Juden kreativ wurde, und wohl das typische Phänomen dessen, was unter dem Profil dieser Stadt zu verstehen ist. Die „Frankfurter“ galt sicher als fortschrittlich und liberal, war aber dem Frankfurter Lokalcharakter gemäß in ihrer „Infrastruktur“ beinahe im Barockstil patrizierhaft und konservativ. Von den Verwaltungsräumen in der Großen Eschenheimer Straße strahlten Ruhe, Distanz und Tradition aus. Bei aller Redaktions-„Konferenz“-Demokratie herrschte dort das ungeschriebene Gesetz der festgefügten Hierarchie und Autorität, welches sich auch in dem Stil und der Art des Mobiliars ausdrückte. Als ob es eine schloßhafte Burg sei, welche zu schützen war — introvert und selbstgenügsam —, war der

„Portier“ dieser Festung der Publizistik ein „Gentleman“, der sich seiner Position bewußt war. Dieser „Fortschritt“, in konservativster Form organhaft geworden, war der Generalnenner und die Machtzentrale für alles, was in Frankfurt sich an Kultur, Politik, Wirtschaft und „society“ seit 1866 kristallisierte. Hier war zudem das konservative bürgerliche Bollwerk gegen das Aufkommen der sozialistischen Linken in Frankfurt im Lokalmaßstabe.

*

Leopold Sonnemann (1831—1909) war für die Demokratische Partei 31 Jahre (bis zum Jahre 1904) Mitglied der Stadtverordnetenversammlung; er vertrat seit 1871 bis zum Jahre 1884 Frankfurt im Reichstag. Seine Aktivität auf kommunalem Gebiete war impressiv. Die Gaswerke, der Hauptbahnhof (1888), das Hotel Frankfurter Hof, das Opernhaus und der Palmengarten sind heute noch bestehende Wahrzeichen auch Sonnemannscher Initiative. Die Senckenbergische Gesellschaft, das Städel, die Elektrotechnische Ausstellung des Jahres 1891 verdanken viel seiner Hilfe und seinen Anregungen. Es war Sonnemann, der den Oberbürgermeister Franz Adikkes dazu veranlaßte, aus Altona nach Frankfurt zu kommen, um Nachfolger von Miquel zu werden.

Die politische Vertretung Frankfurts durch Juden in den parlamentarischen Körperschaften ist ein Spezialkapitel, das die Integration der Juden in dem Frankfurter Gesamtbürgertum aller Schattierungen und Konfessionen aufzeigt. Der Freiherr Mayer *Carl* von Rothschild vertrat Frankfurt erstmals seit 1867 im Norddeutschen Reichstag (später im Zollparlament) und unterlag dann am 21. 3. 1871 gegen Sonnemann. Er blieb allerdings auf Lebenszeit (gestorben 16. 10. 1886) Mitglied im Preußischen Herrenhaus.

Es ist beiläufig interessant festzustellen, daß es der Sozialdemokratie erst ab 28. 10. 1884 gelang, den Wahlkreis 6 (Wiesbaden-Frankfurt) bei den Reichstagswahlen zu erobern, wobei sie von jüdischer Seite wohl kaum unterstützt worden sein dürfte. Im Jahre 1907 gelang es noch einmal dem Fortschrittler Rudolf Oeser, Redakteur der „Frankfurter Zeitung" von 1887—1891, gegen den Sozialisten Dr. Max Quarck als bürgerlicher Vertreter Frankfurts in den Reichstag einzuziehen. („Wählt Oeser — dann werden die Brötchen größer; wählt Ihr Quarck — dann kosten sie eine Mark!") Auch hier wieder schlug mit Hilfe der Juden das Pendel bis Ende 1911 nach der konservativen Seite um. Dieser konservative jüdische Faktor brachte manchmal seltsame Überraschungen.

Das frühere Judenviertel (Judengasse) — später nahm die „Gasse" den Namen „Boernestraße" an — hatte seinen „Perimeter" in dem „Ostend", wo es in dem Wahlbezirk I bei den Stadtverordnetenwahlen so etwas wie ein „jewish vote“ gab. Dort stellte im Jahre 1908 die nicht immer judenfreundliche „Mittelstandsvereinigung“ den jüdischen Champagnerfabrikanten Josef Fromm als Kandidaten für die Stadtverordnetenwahlen gegen Sozialisten und Demokraten auf. Die jüdischen Wähler des Ostends wählten am 12.·11. 1908 zur allgemeinen Überraschung den jüdisch-konservativen Mittelständler Fromm in das Stadtparlament (mit 1935 Stimmen), wo er bis zu seinem Tode am 2. 1. 1916 sein Mandat innehatte. Die Zahl der jüdischen Stadtverordneten und Stadträte war in Frankfurt bis zur Inflationszeit immer sehr groß; Namen wie Dr. Heilbrunn und Dr. Geiger, Justizrat Dr. Bruck sind unvergessen. Dabei sollen Namen von Persönlichkeiten, welche ursprünglich jüdischer Abstammung waren, wie u. a. Dr. Carl Flesch, der Stadtverordnetenvorsteher Geheimrat Dr. Friedleben (aus der Familie „Wimpfen“: Das Grabmal des Alexander Wimpfen ist heute noch — neben dem Grab des „MAHARAM“ — in dem alten jüdischen Friedhof in Worms zu sehen), Justizrat Dr. Hertz und viele andere außer Betracht bleiben. Es waren das die Exponenten des „bürgerlichen“ Frankfurts.

*

Man müßte ein umfangreiches „Namen-Lexikon“ der Frankfurter Juden schreiben, um unbekannt gewordene Aufschlüsse über Persönlichkeiten und ihre Taten zu geben. Einzelbeispiele können in diesem Rahmen nur interpoliert werden. Im „freien“ Frankfurt gab es an die 150 jüdische Privatbankhäuser, eine Zahl, die zwar seit der Jahrhundertwende zurückging, aber noch bis zur Hitlerzeit beträchtlich war. Das Klima des Frankfurter Finanzplatzes war für die Errichtung von Aktien-Großbanken nicht geeignet; als es möglich gewesen wäre, wurde seit der Reichsgründung die Berliner Börse führend. Für die Profilierung Frankfurts blieb diese „private“ Tönung der Frankfurter Finanzwelt auch international stark bestimmend, bis dann die Schließung des Frankfurter Hauses der Rothschilds im Jahre 1901 schockartig den Abstieg dieser mikrokosmischen privaten Finanzinternationale beschleunigte. Diese Privatbankiers, bei denen Namen wie Speyer, Sulzbach, Wertheimer, Ladenburg, Dreyfuss und Weiller nur einen Andeutungswert als Exempel für viele andere haben, waren im Zentrum von internationalen Kontakten familiär untereinander verknüpft und zugleich — in ihrer Zeit auch die Rothschilds — die Nachrichtenmedien der internationalen Finanzwelt. Sie waren rascher und besser informiert als viele professionelle Nachrichtenagenturen der Welt und insoweit oft auch von politischer Bedeutung. Ein Blick in die Adreßbücher der großen Finanzplätze in der Welt zeigt, wie stark die „Lehre der Großfinanz und das Wort des

Gottes ‚Geld' von Frankfurt ausging". Heute sind in New York die ursprünglich Frankfurter Namen Kuhn - Loeb - Schiff - Ladenburg - Hallgarten - Speyer - Buttenwieser noch wirtschaftliche Realitäten; die Namen Budge, Weiller, Ballin, Emden, Geisenheimer *waren* es. Die Reinachs, Stern, das Haus Rothschild, die Worms, der (Bischoffsheim) Goldschmidt-Konzern (Paybas) und viele andere in Paris sind Erinnerungen an das „Stammbuch der Frankfurter Juden", so wie es die Königswarters und Rothschilds in Wien und die Sterns und Erlangers in London waren. In Frankfurt ist von diesen Namen wirtschaftlich nichts verblieben, wenngleich die Archive der bestehenden Bankinstitute manches noch heute wirtschaftlich Virulente in Frankfurt auf diesen Ursprung zurückführen könnten. Die Ausstrahlung dieser „jüdischen" Finanzkraft auf die Entwicklung von Handel, Industrie und auf das Kulturleben wie überhaupt auf die gesamte Gesellschaftsstruktur des alten Frankfurt kann nicht überschätzt werden. Ein spezifisch konservativer Traditionalismus war bestimmt nicht nur durch seinen Reichtum fundiert; zudem war er durch internationale Kontakte geistig „exterritorial", bei allem aber trotzdem lokalpatriotisch auf Frankfurt ausgerichtet. Die Kraft der kurzen Achse Börse — Oper wirkte besonders vom Westend ausstrahlend stark auf das Geistesleben der Stadt. Es war hier typisch, daß „Geld" seine Wirkung und

Die Judengasse (später Börnestraße) in Frankfurt a. M.,
Ostseite mit der „Hauptsynagoge“, nach 1860.

Die „gemeinde-orthodoxe" Synagoge am Börneplatz
(heute Dominikanerplatz) des Rabbiners Dr. Markus Horovitz (1844-1910).
Erbaut 1882, zerstört in der „Kristallnacht" 1938.

Rechtfertigung im Geistesleben, den Kulturinstitutionen und in der Philanthropie suchte. Man hörte in jüdischen Kreisen auf, krämerhaft im Geld nur einen Selbstzweck zu sehen. Diesen Spirit — bis zum ersten Weltkrieg unbestritten wirksam — kann man wohl am besten in moderner Formulierung als besessenen „Stiftungs-Faschismus" bezeichnen. Es mag dabei eine gewisse jüdische Tradition der Wohltätigkeit eine Rolle gespielt haben, bestimmt auch eine verfeinerte Lebensphilosophie der Geldaristokratie über den verpflichtenden Wert des Geldes und unbedingt als eine konsequente Folge der Assimilation — in Auswirkung des Dankes für die bürgerliche Gleichstellung der Juden, den man durch eine grandiose philanthropische Opferbereitschaft zum Ausdruck bringen wollte. Als man mit der jüdisch gesetzestreuen alten Frau Rothschild (der „Gudula"), der Stamm-Mutter ihrer fünf Söhne, über die bedenkliche Entwicklung der Assimilation vom jüdischen Standpunkt aus sprach, meinte diese gescheite Frau: „Ja, ja, die Assimilation is in Frankfurt bereits sehr weit fortgeschritte; in Frankfurt gibt es sogar schon dumme Judde!" (Oder hat dies Frau Philipp Holzmann gesagt?)

Man war in stetem gesellschaftlichen Wettbewerb mit den alteingesessenen christlich-lutherischen Parizierkreisen der Stadt, man arrivierte dort mit Erfolg und erhielt das ersehnte Statussymbol als Reflex der Großzügigkeit im philanthropischen Bereich. Dieser Status schuf ein von keinem Komplex mehr behaftetes Selbstbewußtsein und Selbstverständnis der Juden in Frankfurt.

Bei der Gründung der Senckenbergischen Gesellschaft im Jahre 1817 — unter anderem auch eine Vorläuferin der Frankfurter Universität — befand sich unter den Gründern der jüdische „Lützower Jäger" aus Frankfurt, Dr. Salomon Stiebel, der spätere Herzoglich Nassauische Hofrat, über dessen Verdienste für seine Heimatstadt soviel in Vergessenheit geraten ist. Nicht weniger als 125 Juden wurden bis zum Jahre 1933 „*Ewige* Mitglieder" dieser Gesellschaft und sind es also noch heute. Die Marmortafeln im „Senckenberg" geben darüber Zeugnis. Niemand fehlt bei diesem Querschnitt, der bei dem „Frankfurter Judentum" von Rang und repräsentativer Bedeutung war. Geheimrat Arthur von Weinberg und Baron Albert von Reinach sind als „Erhalter des Werkes" als opferbereite Helfer genannt. Das Werk besteht, der „Erhalter" Dr. Arthur von Weinberg, einer der Promotoren des Zusammenschlusses der IG-Farbenindustrie im Jahre 1916 (mit einem Kapital von 1,1 Milliarden Mark) ist im Jahre 1943 in Theresienstadt trotz „seiner selbstlosen Hingabe" auch für das „Senckenberg" gestorben.

Die „Polytechnische Gesellschaft", gegründet im Jahre 1816, erinnert ebenfalls an nicht wenige Frankfurter Juden in ihrer Jubiläumsgeschichte. Charles

Hallgarten, der Rabbiner Dr. Leopold Stein, B. H. Goldschmidt und sehr viele andere jüdische Mitbürger, darunter auch Leopold Sonnemann, waren instrumental bei dem Aufbau dieser Gesellschaft, die schon im Jahre 1863 eine Akademie für Handel und Gewerbe schuf, aus der im Jahre 1901 dann die Akademie für Sozial- und Handelswissenschaften entstand. Sie wurde im Jahre 1914 die „fünfte Fakultät“ der neuen Frankfurter Universität. Ähnlich war die Geschichte des Freien Deutschen Hochstiftes, bei dem seit dessen Gründung im Jahre 1859 Hunderte von Mitgliedern aus allen Kreisen des jüdischen Bürgertums registriert sind. Dabei ragte hervor der Redakteur und Mitgründer der Frankfurter Zeitung, Dr. Ludwig Braunfels. Die Goetheforscher Prof. Dr. phil. Ludwig Geiger (Sohn von Abraham Geiger) und auch der Goethebiograph Dr. Albert Bielschowski sind aus dieser Geschichte des Frankfurter Geisteslebens und des Hochstiftes nicht wegzudenken. Forschung, Kunst und Publizistik wurden in Frankfurt immer stark jüdisch patronisiert, und wenige mögen wissen, daß der Verlag Rütten & Löning von Juden begründet war, die allerdings bis zu ihrer Konvertierung zum Christentum mit dem Namen Rindskopf und Loewenthal besser bekannt waren.

Dieses jüdische Mäzenatentum wurde durch eine Wirtschaftspotenz ermöglicht, die über die Sparte „Bank und Börse“ hinausging. Leopold Cassella, der

Friedberger Jude Löb Cassel, war der Gründer der Chemischen und Farben-Industrie in Frankfurt, und ihm folgten Bernhard Weinberg aus dem Ort Escheberg (bei Breuna) im Kurhessischen und Ludwig (Aron) Gans aus Celle. Deren Nachkommen, die Herren Arthur und Carl von Weinberg waren zwar konfessionell keine Juden mehr, profilierten aber das Bild dieser Stadt nichtsdestoweniger jüdisch. Die „Effectenbank — Warburg" ist heute das Überbleibsel der L. A. Hahn'schen Finanzdynastie. Die Schmirgelfabrik „Naxos-Union" mit ihrer Stiftung erinnert an ihren (aus Pfungstadt stammenden) Gründer Arthur Pfungst. Ganze Handelszweige, wie Metalle, Alteisen, Textil, Leder, Warenhäuser, Konfektion wurden fast ausschließlich von Juden entwickelt und zur internationalen Prädominanz gebracht. Der jüdisch gesetzestreue Philipp Abraham Cohn (gestorben 1856) war der Gründer der Metallfirma gleichen Namens, aus der im Jahre *1881* die Metallgesellschaft und 1897 die Metal*lurgi*sche Gesellschaft als Weltunternehmen entstand, die dann unter Wilhelm Merton und Richard Merton noch mehr an Bedeutung gewannen. Der Vater der protestantischen „Mertons" war Ralph (Raphael) Moses (seit 1857: „Merton"), der als Schwiegersohn von Philipp A. Cohn dieses Unternehmen mit seinen Verwandten Ellinger und Hochschild als Metallhaus zur Blüte brachte. Was man heute wissen sollte, aber nicht mehr weiß!

Diese „goldene Zeit“ kulminierte im Oktober 1914 in der Gründung bzw. Eröffnung der Frankfurter Universität als „Stiftungsuniversität“, welche seit dem Stiftungsvertrag vom 28. 9. 1912 viele alte Stiftungen inkorporierte. Die Namen Georg und Franziska Speyer, Leo Gans, von Goldschmidt-Rothschild, Theodor Stern, Otto und Ida Braunfels, A. und C. Weinberg, Jacob H. Schiff, Henry Budge, Freifrau Mathilde von Rothschild, Dr. Wilhelm Merton, Charles Hallgarten, Moritz N. Oppenheim und weitere 39 Namen jüdischer Mäzene besagen alles über Herkunft und Charakter dieser Stiftungen, deren Wert einen Betrag von über acht Millionen Mark ausmachte. Der preußische Staat konnte jetzt dieses große Projekt nicht mehr *ganz* ablehnen, obwohl noch sechs Millionen Mark fehlten. So unwahrscheinlich es heute klingt, es gelang dem Oberbürgermeister Dr. Franz Adickes, auch diese Millionen durch weitere Stiftungen bis zum Jahre 1912 aufzubringen. Paul Ehrlich sollte Erster Rektor und Ordinarius werden, er lehnte aus Gesundheitsgründen ab. Er starb 1915, wie Adickes. Beide konnten nicht mehr ihr Werk lebend genießen.

Als die NSDAP die Macht ergriff, wollte man die Universität, da ein großer Teil ihrer Mittel von Juden herstammte, als „Judenuniversität“ auflösen. Dieser Anschlag wurde durch Rektor Platzhoff und den

Kurator Georg Wisser (NSDAP!) zusammen mit dem Oberbürgermeister Dr. Krebs verhindert.

Symptomatisch wird berichtet, daß zum 25jährigen Bestehen der Universität im Jahre 1939 „keine neuen Spenden" zu verzeichnen waren. Das war ebenso auch der Fall bei den anderen kulturellen Gesellschaften, die von Juden „gereinigt" wurden. Womit Geld- und Mitgliederzugang aufhörte.

Eine Frankfurter „Landesuniversität" in vier verschiedenen Orten des Großherzogtums Frankfurt (Wetzlar, Aschaffenburg, Fulda und Frankfurt) gab es übrigens als Nachfolgerin der Mainzer Universität zur Zeit Karl von Dalbergs mit einer medizinischen Fakultät in Frankfurt. Dies wurde 1914 wieder Realität und ist es bis heute *geblieben.*

Die jüdischen Stiftungen wurden zur Nazizeit „arisiert", d. h. liquidiert. Es waren dies allein über 150 an der Zahl nur für *rein* jüdische Wohlfahrtsbelange; nur einzelne dieser Stiftungen konnten — weil legalistisch sich Rechtstitel für eine Restitution ergaben — wieder revitalisiert werden. Dabei sind nicht in Betracht gezogen die hohen Millionenwerte paritätischer Stiftungen, deren Gründer ebenfalls Juden waren; sie sind durch Geldentwertung gegenstandslos oder durch Zusammenfassung mit anderen Stiftungen konsolidiert, d. h. namenlos geworden.

Geblieben in Frankfurt sind einige Nachfolgefirmen, viele Erinnerungen, einzelne Bronzetafeln und vor allem Straßenbezeichnungen, die manches aktualisieren. Als in Frankfurt im Jahre 1935 die jüdischen Straßennamen „braun“ und die Stiftungen arisiert wurden, legte man dafür säuberlich Akten an. Diese besagen vieles und heben manche Anonymität auf. Man erfährt daraus, daß Dr. Leopold Odrell, der schon 1884 zur Erleichterung der Hochschulausbildung über 700 000 Mark gestiftet hatte, eigentlich Oppenheimer hieß, und daß die Albert und Michel „Linel“-Kunstsammlung „nichtarisch“ war, denn Albert Linel war früher Aron Levi. Mit den „Rothschilds“ und ihren riesigen Millionenzuwendungen machte man es sich einfacher. Die „Rothschild-Allee“ wurde sofort 1933 zur „Karolinger“-Allee, da neben der Nibelungen-, Habsburger, Wittelsbacher und Luxemburger Allee der Name Rothschild nicht am Platze sei. Bei der Mathilden- und Sophienstraße wurde es problemlos, obwohl diese beiden Straßen nach weiblichen Mitgliedern des Hauses Rothschild benannt waren. Die Straßennamen blieben bestehen, nur die Patenschaft war zu ändern: Es hieß fürderhin „benannt nach weiblichen Vornamen“. Genau das gleiche geschah mit der Luisenstraße und dem Luisenplatz, beide genannt nach Hanna Luise von Rothschild, die 1890 zur Erinnerung an ihren Vater Freiherr Mayer Carl von Rothschild das Carolinum und die Rothschild-Bibliothek gestiftet hatte. Man meinte übrigens damals und auch heute noch allgemein, daß mit der so geehrten „Luise“ die Königin Luise von Preußen gemeint sein sollte! Das „Carolinum“ und die Rothschild-Bibliothek bestehen heute noch! Alle diese jüdischen Straßennamen gehörten zu einem vergangenen Profil; aber die Akten darüber sind eine Fundgrube historischer Erkenntnis.

Man kann nach diesem Exkurs verstehen, warum man in Frankfurt nach diesem vergangenen profilierten Profil — um einen Superlativ zu potenzieren — nach einem neuen Profil sucht.

Aber gibt es überhaupt in unserem Zeitalter der Technokratie noch eine Profilierung? Es stimmt: Frankfurt ist verkehrsgeographisch gut gelegen und bietet mit seinem Flughafen sich als Zentrum der EWG an. Es ist richtig, daß der Finanzplatz mit seinen Banken, den Versicherungsinstituten, der Bundesbank wieder in die erste Reihe vorgerückt ist, und es stimmt, daß die Börse im Umsatz wieder an der Spitze in der Bundesrepublik steht. Hier ist fast täglich die Niederlassung einer ausländischen Bank zu registrieren. Die internationalen Kontakte sind wieder hergestellt, wenngleich jetzt nur als technische Kommunikation mit Fernschreiber, Telefon und Flugverkehr, nicht wie früher auf familiären Personalkontakt.

Die Amerikanisierung des „know-how“ und des „American way of life“ feiert in Frankfurt mit seinen vielen amerikanischen „residents" beinahe Orgien. Ein kleines „neu-jüdisches Element" ist übrigens mit Aktivität im Bauwesen beinahe zum Wahrzeichen von spezifischer Dynamik in dieser „Stadt mit Hochhäusern" geworden.

Aber ist das „genius loci", entsteht hier Atmosphäre oder das Profil einer neuen Gesellschaft?

In dieser Zeit des „Computers" ist auch ein Profil problematisch geworden, denn auch ein Computer muß „gefüttert" werden, um das Menschliche zu ersetzen. An diesem humanen „Futter" fehlt es zur Zeit noch — also sucht man weiter und denkt an das Vergangene:

Auch an den deutschen Dichter Ludwig Fulda — er war Frankfurter und Jude —, der 77jährig im März 1939 in Berlin Selbstmord verübte, als man ihm den Burgtheaterring abnehmen wollte. Ihm und den vielen ehemaligen Frankfurtern sei gedacht, wenn wir an sein Sinngedicht „Statistik" erinnern, in welchem er den Engel tagtäglich die Tränen auf Erden zählen läßt: „Die heimlichen, geweint des Nachts, von Menschen, die am Tag lustwandeln geh'n mit lachenden Gesichtern". Irgendwo in der Welt ... viele dieser Menschen denken des Nachts: An Frankfurt.

Von Adam bis Zores

Eine etymologische Plauderei

Das „Tausendjährige“ Reich tat sein Möglichstes, um wertvollste Kulturdenkmäler des deutsch-jüdischen Zusammenlebens, das auf das Jahr 50 unserer Zeitrechnung zurückgeht, zu vernichten. Auf einem Gebiete allerdings konnte das Vergangene nicht ausgewischt werden, und das ist die Sprache. In dem täglichen Sprechen — dem Slang — gebraucht jedermann Wörter, deren hebräisch-jüdischen Ursprunges er sich meist nicht bewußt ist. Schon Goethe hat sich für das „Juden-Deutsch“ interessiert und in dem „barocken“ Judendeutsch der Frankfurter Judengasse eine „Judenpredigt“ verfaßt. Das war allerdings kein Judendeutsch und auch kein Jiddisch, sondern ein etwas geschmackloser — wie die Goethekritik sagt — „Scherz“.

Wenn die rassenreine „Elite“ des Dritten Reiches gewußt hätte, daß (ha’-)elit’ im Hebräischen das „Beste“ und „Höchste“ bedeutet, würde sie sich dieser „jüdischen“ Elite geschämt haben. Auf das „Paradies“ hätten sie verzichtet, denn der „Pardess“ ist nicht nur die Zitrusplantage oder Garten, sondern auch die hebräische Herkunft des deutschen Wortes Paradies. Sie hätten vielleicht den „Satan“ vorgezogen, aber nur vielleicht, denn „Ssat'an“ ist das hebräische Wort für Teufel. Den Teufel konnten sie nicht mit dem Beelzebub austreiben, denn das ist der „Ba'al-Sewuw“ — der „Gott der Fliege“, der oberste Teufel aus dem Zweiten Buch der „Könige“. Und wer dies alles als „Stuß“ bezeichnet, ist sich kaum bewußt, daß Unsinn im Hebräischen „Stuth“ heißt.

Die vielen Träger des Namens „Adam“ tragen den rein hebräischen Namen für „Mensch“; und der Mensch wurde von Gott aus der Erde („Adam-a“) gemacht. Auch im Lateinischen kommt der Mensch (homo) aus der Erde (humus). Nicht immer ist der Mensch kultiviert, und es gibt viele „Kaffern“, was aber nichts mit dem afrikanischen Bantustamm zu tun hat, sondern mit dem hebräischen „Ke-far“, dem Dorfe; „Kaffern“ sind also die Landbewohner. Ein „Kaffer“ ist manchmal wenig angenehm im Umgang, aber ist kein „Schoote“, der „meschugge ist“. „Schoté“ ist ein Narr, der „meschugg'a“ (verrückt) ist.

Wenn ein Unglück passiert, pflegt man darauf mit dem Ausdruck „nebbich“ zu reagieren, dann ist das aber das verballhornte deutsche „Nie - bei euch -“ und es möge also das Schlamassel „nie bei euch“ sein. „Mazal“ ist Glück und „schlimm-massel“ das Gegenteil, nämlich das Unglück. Den „Kaffer“ möchte man gerne „paddern“, das heißt loswerden oder „pooter“ werden, was „patar“ im Hebräischen — entlassen — heißt. Im Alltag wird manchmal das Wort „Tachless“ für Vernunft oder Sinn gebraucht, nach dem hebräischen „Tachlith“ — Sinn oder Zweck. Es hat keinen Zweck, immer zu „schmusen“, denn die „Schemuah“ ist ein Gerücht, das leere Gerede vom Hörensagen. Viel greifbarer sind die „Makkes“, die Prügel, die man verabreicht (oder erhält); das sind die hebräischen „Makkoth“. Nur ein „Chammer“, das ist ein Esel („Chamor“), wird davon ein „Geseires“ machen, denn eine wirkliche „Geser‘a“, das ist ein Verhängnis, ist dann schon eher eine wirkliche Krankheit, z. B. die fast ausgestorbene Cholera. Dann ist man „cholé-ra“, das heißt „bös (artig) krank“. Das sind dann die wirklichen „Zores“ („Zaroth“ = Zará, „Leid“ oder „Bedrängnis“).

Häufig soll der Alkohol über das Leiden hinweghelfen, man „schásskent“, man trinkt (Maschké — ist ein Getränk), und wenn das im Übermaß geschieht, wird man „schikker“ (schikór = betrunken) und „dibbert“ zuviel (le-dabér = sprechen), man schimpft, spricht dann häufig wahllos darauflos. Du bist ein „Kelef“ (Kelew = Hund) oder bei dem weiblichen Partner „Klafte“ (Klawta = Hündin), aber das ist schon eine „Chuzpa“ — eine Frechheit (Chuzpé). Damit zeigt man schon eine „schofele“ Gesinnung = „schafal“ ist gemein und niedrig.

Wirst du aber ein Gewohnheitstrinker, dann bekommst du den „Dalles“, du kannst nicht mehr richtig arbeiten und wirst arm („dalluth“ = arm). Es ist wohl besser, weniger zu trinken und mehr zu „acheln“ (le'echol = essen). Für Trunkenheit wird man von dem Richter „verknasst“, denn „Knass“ ist eine Strafe, und wenn man sich nicht bessert, dann kommt man in ein Hospiz („Uschpis“) zum Abgewöhnen.

So könnte man plaudern über die Mohn„challe“, den Mohnzapfen, oder den „Taatscher“, aber das ist nichts für „Kreti und Pleti“, über das „Menetekel“, das immer vor einem „Tohuwabohu“ kommt, und sogar über das Jubiläum (Jowél), auch über die Ziffer, die aus dem hebräischen „Ssifrá“ kommt, aber das führt schon in das Gebiet der Sprachenvergleichung. Die Zeit ist vorbei, wo man mit „Kanonen“ schießt, und nicht das hebräische Wort „Kanéh“ = für „Flinten- R o h r “ (daher Kanone) ist das zeitgenössische Modewort, sondern Schalom, das heißt „Friede“. Die Sprachwurzel ist „SCH-L-M“, und das ist derselbe Stamm, aus dem sich das Wort „schalém“ („vollkommen“) oder „zahlen“ ableitet.

Das gibt wiederum eine etymologische Erkenntnis, daß nur dann der Frieden „vollkommen“ ist, wenn die Völker ihre Verpflichtungen „honorieren“ (zahlen). In allen romanischen Sprachen zeigt sich dieselbe Parallelität bei dem „Pax“, und so hat im Englischen peace mit „to pay“ zu tun und im Französischen „paix“ mit „payer“. Im Deutschen ist das anders, aber auch hier muß der Frieden „befriedigen“.

Die Rothschilds
und der Herzog von Auschwitz

Legenden sind zäh, zäher bisweilen als die Geschichte, die glaubt, über sie hinweggegangen zu sein. Das mußte selbst Chruschtschow erfahren, als er bei seinem ersten Staatsbesuch in Paris mit einem Manne konfrontiert wurde, den man ihn als den „reichsten Mann Europas“ vorstellte, nämlich den Baron Rothschild. Chruschtschow hielt dies für eine Legende: „Das ist nicht wahr“, sagte er, „wir in der Sowjetunion sind jetzt die reichsten Leute in Europa.“ Und — als er von dem französischen Kommunistenführer Duclos flüsternd auf den Boden historischer Tatsachen mit dem Hinweis zurückgeführt wurde, es seien die Rothschilds gewesen, die seinerzeit, vor dem Ersten Weltkrieg die zaristischen Anleihen auf den Markt gebracht hätten: „Für diese zaristischen Bonds gibt es für immer nur noch einen Platz in den historischen Archiven.“

In der Tat: das Haus Rothschild ist nicht nur legendenumwoben. Es hat auch in der Geschichte seine Rollen gespielt, die allgemein bekannten und — weniger bekannten. Es ist inzwischen selbst zum Gegenstand der Geschichtsforschung geworden, wiewohl es schwer hält, noch Exaktes über dieses Haus zu erfahren, da das Archiv des Frankfurter Bankhauses Rothschild 1901 verbrannte. Immerhin gibt es immer wieder Zufälle, die bisher Dunkles ans Tageslicht fördern. So hatte der Chronist kürzlich Gelegenheit, im Frankfurter Archiv Einsicht in die verschiedenen Diplome zu nehmen, aus denen sich die Standeserhebungen der Rothschilds ergaben.

Man weiß, daß der Einfluß des Hauses Rothschild maßgebend war für die Durchsetzung der Emanzipation der Frankfurter und der deutschen Juden. Diese Emanzipation hat durch Hitler und die „totale Endlösung" der Judenfrage ihr jähes Ende gefunden, und das Schlußkapitel ist durch den Namen Auschwitz symbolisiert. Aber gerade ein „Herzog von Auschwitz" war es, der am 29. Januar des Jahres 1800 den Stammvater der Dynastie, Mayer Amschel Rothschild zum Kaiserlichen Hoffaktor ernannt hat. Dieser Herzog von Auschwitz war der Kaiser Franz II., der am 6. 8. 1806 die deutsche Kaiserwürde niederlegte und dann Franz I., Kaiser von Oesterreich wurde. Auschwitz war, bevor es im Jahre 1447 polnisch wurde, ursprünglich deutsch, und der Titel war einer der unzähligen, die die deutschen Kaiser führten.

Damals wurde Mayer Amschel Rothschild noch als „Schutzjude und Handelsmann" in dem Diplom bezeichnet. Immerhin, als sein Sohn im Jahre 1817 geadelt wurde, war dann von dem „Wechsler" Rothschild die Rede. Und im Jahre 1822 war man schon als Freiherr zu einem vornehmen „Banquier" aufgestiegen.

Übrigens halten diese Diplome noch eine andere Überraschung bereit: die Nobilierung der Rothschilds im Jahre 1817 durch den österreichischen Kaiser war technisch fehlerhaft. Geadelt wurde Mayer Amschel Rothschild, der aber schon im Jahre 1812 gestorben war; gemeint war dessen Sohn, Amschel (Anselm) Meyer Rothschild. Heute ist das bedeutungslos. Jedenfalls hat dieser Fehler den Aufstieg der Rothschilds nicht gehindert.

Der „Kaiserbrunnen"

Eine Geschichte, die sich wiederholt

Fast niemand erinnert sich heute noch an Baron Raphael von Erlanger, den Stifter des „Kaiserbrunnens", der niemals offiziell Kaiserbrunnen hieß. In der Stiftungsurkunde wurde diese Fontäne der Stadt übergeben mit dem Wunsch, „daß auch, wenn der Name des Schenkers vergessen sein wird, den nachkommenden Geschlechtern dies ein Denkmal sei, wie die jetzt Lebenden Vertrauen in die Zukunft Frankfurts setzen und daß die Zukunft Frankfurts für alle Zeiten fest begründet und auch den Nachkommen es beschieden sein möge, sich des Schönen sowie des Guten und Edlen, gleich uns, zu erfreuen".

Das Rothschild'sche „Geburtshaus" (Zum grünen Schild)
in der Börnestraße (früher Judengasse) mit dem benachbarten
Geschäftsraum der Firma Kahn & Arnsberg (Vater des Autors), vor 1900.

Grabstein von Mayer Amschel Rothschild, gestorben 1812.
Neu beschriftet und aufgestellt am Ehrenportal des alten jüdischen Friedhofes „Battonnstrasse" (vor 1933 an der Ostseite des Friedhofes).

Deutsche Übertragung: „Hier liegt begraben der Wohltäter Seiner Ehrwürden der Raw und Rabbi Moshe Meir, Sohn des verewigten und ehrwürdigen Anschel Rothschild. Sein Andenken sei gesegnet! Gestorben in der Nacht des heiligen Sabbat und begraben am folgenden Tage am Sonntag des Vorabends des Sukkoth-Festes des Jahres 5573 (nach der kleinen Rechnung). Es sei seine Seele verbunden mit dem Lebensband mit den Seelen von Abraham, Isaak und Jakob, Sara, Rebekka und Rahel — und mit den Seelen der übrigen Gerechten, welche sich im Paradies befinden. Amen!

Dieser Baron Erlanger hatte 1875 den Brunnen der Stadt Frankfurt als Geschenk angeboten „zur Erinnerung an den glücklich geschlossenen Frieden und an die Wiederbegründung des Deutschen Reiches“, um für alle Zeiten ein Denkmal zu setzen, das an die glückliche Vergangenheit erinnern soll. „Aus diesem Grunde hege ich den Wunsch, den ‚freien Platz‘ welcher die Friedensstraße und die Kaiserstraße vereinigt und vom Roßmarkt aus sichtbar ist, mit einer der Umgebung entsprechenden und würdig ausgeführten Fontäne auszuschmücken.“

Bis es jedoch zur Ausführung der Fontäne kam, gab es Schwierigkeiten, die heute sehr modern anmuten. Der Magistrat der Stadt Frankfurt nahm 1875 die Schenkung an, jedoch mit der Einschränkung, daß der Raum an der fraglichen Stelle sich als ausreichend erweisen müsse und verwies die Angelegenheit an die Baudeputation. In dem Bericht der Baudeputation ergaben sich die ersten Schwierigkeiten, denn an diesem Platz — der niemals den Namen Kaiserplatz hatte —, an dem fünf Straßen zusammenlaufen, seien die Dimensionen beschränkt, und er sei daher zur Aufnahme einer Fontäne nicht geeignet. Man müsse auf den in Zukunft stets wachsenden Verkehr Rücksicht nehmen, der durch die Größe und das Wasser des Springbrunnens gestört werde und man schlage entweder den Roßmarkt vis à vis dem Gutenberg-Monument oder das Rondell in der Promenade zwischen dem Taunus- und Gallus-Tor vor. Der damalige Polizeipräsident äußerte seinerseits „Verkehrsbedenken“ und verweigerte vorläufig seine Zustimmung zum Bau dieser Fontäne. Auch die Stadtverordneten-Versammlung äußerte die gleichen Bedenken und man beschloß, erst einmal ein Modell mit einer Barriere „zur Probe“ aufzustellen. Nun, die Probe war erfolgreich, und die Baudeputation stellte fest, daß sich keine Verkehrsstörungen ergäben, und man befürwortete den von dem Stifter vorgeschlagenen Platz! Nachdem man noch die Vorbehalte des Polizeipräsidenten und des Frankfurter Architekten- und Ingenieurvereins diskutiert hatte, wurde die Fontäne endlich gebaut. Aber schon 1888 wird die Versetzung an den Roßmarkt erwogen, 1914 bittet das Tiefbauamt den Magistrat wiederum um die Erlaubnis, den Kaiserplatz umgestalten zu dürfen, und noch einmal 1923 beantragt die gleiche Behörde eine Versetzung des Brunnens zum Roßmarkt. Die Stadtverordnetenversammlung aber beschließt 1926 endgültig, den „Erlanger-Brunnen“ am alten Platz zu belassen. Das ist nunmehr 44 Jahre her.

Der Name des Schenkers ist, wie er vorausgesehen hatte, indessen vergessen. Bei der Familie Erlanger handelt es sich um eine alte jüdische Familie aus Heddernheim (im dortigen jüdischen Friedhof sind die Vorfahren begraben) und der Vater des Stifters, Löb Erlanger, wanderte im Jahre 1816 nach Frankfurt ein. Der Aufschwung der Familie begann in der Mitte des 19. Jahrhunderts, als sich das Bankhaus Erlanger zu großer Bedeutung an zweiter Stelle nach den Rothschilds erhob. Raphael Erlanger war Königlich Portugiesischer Generalkonsul, erhielt im Jahre 1859 den portugiesischen Baronstitel und wurde im Jahre 1871 als Chef der Bankhäuser Erlanger in Frankfurt, Wien, Paris und London in den österreichischen Freiherrnstand erhoben. Die Familie siedelte nach Paris und London über. In Frankfurt gab es noch eine Firma von Erlanger & Söhne zur Zeit des Ersten Weltkrieges, aber der Sitz der Bank wurde London.

Es war in Frankfurt in der zweiten Hälfte des 19. Jahrhunderts üblich geworden, Denkmäler zu stiften, aber die reichen alten Frankfurter Familien wollten nichts tun, was zur Verewigung von „Preußen“ beitragen würde, denn man war „reichsstädtisch“ in seiner Gesinnung. Diese Erlanger-Fontäne hieß also nie Kaiserbrunnen und angeblich soll es der Wunsch des Stifters gewesen sein, diese Fontäne „Friedensbrunnen“ zu bezeichnen, aber auch dazu kam es nicht. Die Fontäne war namenlos. In einem „Beitrag zu Frankfurts Annalen der Jahre 1857-83“ heißt es in einem Gedicht von Salomon Schwarzschild:

Sie, die hier die beste Stelle
Als Fontaine hat erlangt —
Nennen wir sie „Friedensquelle“,

Die in der Rotunde prangt,
Und in ihrer nächsten Nähe,
In die Friedensstraße führt,
Die, mit ihr, in gleicher Höhe,
Frankfurts schönsten Stadtteil ziert!

Nach sechshundert Jahren wieder aufgetaucht

Die ältesten Männer-Grabsteine des jüdischen Friedhofs Baumaterial für den Frankfurter Dom

Die Bombenangriffe auf Frankfurt am Main im Zweiten Weltkrieg haben durch die Zerstörung der Altstadt wertvolles historisches Kulturgut vernichtet. Auch der Frankfurter Dom wurde stark beschädigt, so im nördlichen Querschiff der Unterbau des Altarschreins mit dem Anna-Altar aus dem 16. Jahrhundert. Der Schrein selber war rechtzeitig in Sicherheit gebracht worden, aber der Unterbau wurde durch die Kiegseinwirkungen offengelegt. Hier entdeckte man im Frühjahr 1952 drei Reihen hebräischer Schriftzeichen. Nach Entfernung von Steinplatten sah man, daß es sich um einen jüdischen Grabstein handelte, der teilweise beschädigt und mit einer Verputzschicht überzogen war.

Einige Monate später wurde ein zweiter jüdischer Grabstein aus rotem Main-Sandstein gefunden, und zwar an der Frontseite des Altarunterbaus. Dieser Grabstein war ganz erhalten. In einer Nische war ein Bleikästchen verborgen, das eine Eintragung aus dem Jahr 1682 enthielt. Daraus ergab sich, daß der Altar, dessen Vorder- und Seitenwand aus jüdischen Grabsteinen errichtet war, Kaiser Karl dem Großen geweiht war.

Beide Grabsteine wurden jetzt der Jüdischen Gemeinde in Frankfurt zur Verfügung gestellt. Sie sind an der Innenwand des zweitältesten Jüdischen Friedhofs „Battonnstraße" am früheren Börne-Platz angebracht worden.

Die Übersetzung der Inschriften dieser Grabsteine ist sehr aufschlußreich (Übersetzung und Bildmaterial wurden dem Archiv für Frankfurts Geschichte und Kunst aus dem Jahre 1956, und zwar einem Artikel von Dr. Walter Atzert entnommen). Die Inschrift des ersten, nur teilweise erhaltenen Grabsteins lautet: „(Es wurde errichtet?) der Grabstein zu Häupten / des Israel, Sohn des Mordechay der starb / am Tage (Samstag?) dem 14. im (Monat) Ijar / 40 und (?) des 6. Jahrtausends / und seine Seele sei verbunden mit den / Seelen der übrigen Gerechten im Garten Eden. /"

Die Übersetzung der Inschrift des zweiten, vollständig erhaltene Grabsteins besagt: „Dieses Grabmal, welches / errichtet wurde zu Häupten des angenehmen / und auch lieblichen und das ich einsenkte deinetwegen / zum Grabe (60) in hohem Alter ging er der mannhafte Jaakow ward er genannt im / Volke, dem zerstreuten, am 28. des Monats Adar / am Tage 6. (= Freitag) entschwand r (= rabbi) Jaakow Sohn des / Chawer rabbi Schlomo 44 des Jahrtausends. / es sei seine Seele eingebunden in den Bund / hachajjim amen a (= amen) sela." (Jakob ist der Sohn des Rabbi Salomon. Chawer ist ein religiöser Ehrentitel, wörtlich: Genosse).

Die Inschrift des ersten Grabsteins ist zum Teil rekonstruiert, die Übersetzung des zweiten dagegen vollständig und absolut zuverlässig. Die im Dom gefundenen Steine entsprechen in ihrer Art denen des alten jüdischen Friedhofs, wie sie bis zum Jahre 1828 dort aufgestellt wurden. Bekanntlich hat man in der Hitlerzeit neunzig Prozent der Grabsteine in diesem Friedhof zerstört. Aus der Art Textierung ergibt sich, daß die beiden Steine aus dem 13. Jahrhundert stammen (1288).

Der älteste jüdische Friedhof war in Domnähe, von ihm ist nichts mehr erhalten. Die älteste jüdische Gemeinde Frankfurts wurde 1241 völlig aufgerieben. Der zweite jüdische Friedhof — die Juden waren seit 1260 wieder in Frankfurt ansässig — befand sich am heutigen Dominikanerplatz. Von 1349 bis 1360 gab es in Frankfurt keine Juden. Wahrscheinlich wurden die jüngst entdeckten beiden Steine zu dieser Zeit, also um das Jahr 1350, vom alten Friedhof weggenommen und als Baumaterial im Dom benutzt. Es war immer schon aufgefallen, daß sich aus der Zeit von 1260 bis 1349 nur Grabsteine von Frauen auf dem jüdischen Friedhof fanden. Aus all dem geht offenbar hervor, daß der Altar Karls des Großen beziehungsweise der St.-Anna-Altar im Dom etwa um 1350 gebaut worden ist.

Wer dieser Israel, der Sohn des Mordechay (Grabstein 1) war, ist nicht bekannt. Über Jaakow, den Sohn des Rabbi Schlomo (Jakob, der Sohn des Rabbi Salomon), weiß man dagegen etwas mehr. Nach vorhandenen Urkundenbüchern hat er in einem Haus gegenüber der Alten Brücke gewohnt. Im Buch des Frankfurter Rabbiners Dr. Markus Horovitz über die Grabsteine des Alten Jüdischen Friedhofs ist zu lesen, daß die Tochter des Jaakow mit Namen Bela im Jahre 1291 auf dem Alten Jüdischen Friedhof begraben worden ist. Vom Vornamen Bela (aus dem französischen „la belle", die Schöne) will man ableiten, daß dieser Jaakow ben Schlomo französischer Herkunft gewesen sein soll. Tatsache ist, daß in der damals sehr kleinen jüdischen Gemeinde viele Träger französischer Namen zu finden sind. In diesem Fall kann es sich aber auch um den biblischen Namen „Bilha" handeln.

Diese jüdischen Grabsteine sind neben den Resten

des Saalhofes und der wieder freigelegten Staufenmauer die ältesten historischen Wahrzeichen, die es in Frankfurt am Main noch gibt. Das Publikum kann zwar mit der Jahreszahl nicht viel anfangen, aber es ist doch recht eindrucksvoll, sich vorzustellen, daß es sich um Wahrzeichen handelt, die noch aus der Zeit des Interregnums in Deutschland stammen, aus der „kaiserlosen, schrecklichen Zeit", der Epoche vor Rudolf I. von Habsburg, als es in Jerusalem noch das Königreich der Kreuzfahrer gab.

Es wäre erwünscht, den Text dieser Grabsteine, wenn man sie sichtbar anbringt, auch in deutscher Sprache wiederzugeben und in einer Erklärung auf die merkwürdigen Umstände ihrer Wiederentdekkung nach dem Zweiten Weltkrieg hinzuweisen.

Jüdische Kulturdenkmäler und Gedenkstätten in Frankfurt

Die alten Synagogen

Heute (17. Mai 1961) wird in Frankfurt die Ausstellung SYNAGOGA mit einer Schau jüdischer sakraler Kunst im Historischen Museum, Saalgasse 31, eröffnet werden. Für viele Jahrhunderte war die Mainstadt das jüdische Zentrum der Welt. Zahlenmäßig lag der jüdische Anteil an der Gesamtbevölkerung stets bei etwa fünf Prozent. Nun beschäftigt man sich mit der Inventarisierung dessen, was noch an Resten jüdischer Kunstwerke übriggeblieben ist, und das nicht nur in Deutschland.

In Frankfurt wohnen wieder etwa 2500 Juden (im Jahre 1970 ist diese Zahl auf 4.500 angewachsen). Die jetzige Gemeinde ist zahlenmäßig zur Zeit die größte in der Bundesrepublik. Das jetzige Frankfurt ist eine Stadt der SYNAGOGA, das alte jüdische Frankfurt war eine Stadt der Synagogen, und es ist ein historisches Gebot, einmal das Vergangene festzuhalten, um es vor dem Vergessenwerden zu bewahren.

An der Konstablerwache befindet sich ein Straßenschild „Zur Börnestraße“, um anzudeuten, daß an diesem Punkt einmal die Börnestraße sich bis zu dem heutigen Dominikanerplatz hinzog, der Börneplatz hieß und der frühere Judenmarkt war. Von diesem Punkt aus zog sich das Frankfurter Judenviertel, die Judengasse, bis zu dem alten jüdischen Friedhof, der sich heute noch an seinem Platze befindet. Nichts außer dem Straßenschild, dem jüdischen Friedhof und einer Gedenkplakette am Dominikanerplatz erinnert mehr an das jüdische Viertel von Frankfurt, das dort vom Jahre 1460 an als abgeschlossenes Ghetto bis zum 28. Dezember 1811, dem Zeitpunkt der Verwirklichung der Gleichberechtigung für die Juden durch Dalberg, bestand*). Aber auch nach dieser Zeit bewahrte die Judengasse ihr Aussehen noch lange Zeit; es war die Straße der Trödler und Kleinhandwerker. Erst seit 1885 wurde aus der Judengasse eine Börnestraße und aus dem Judenmarkt ein Börneplatz.

Vor der Absonderung in den Jahren 1460 bis 1462 war das Judenviertel zwischen Dom und Main in der Gegend der heutigen Alten Brücke. Die Judengasse war 345 Jahre lang der alleinige Wohnort der Frankfurter Juden geblieben. Es gab in dieser Judengasse vier Synagogen, und alles, was sich später an Entwicklung des Synagogenwesens in Frankfurt gezeigt hat, hat hier seinen Ursprung.

Die große alte Synagoge, wie sie seit dem Jahre 1463 am gleichen Platze bestand, wurde 1711 durch den „Judenbrand" zerstört. Abbildungen dieser alten Synagoge gibt es nicht. Mit Hilfe der Stadt wurde bald nach diesem Brande im gleichen Jahre die Synagoge wiederaufgebaut, und Ende September 1711 war der Neubau zu den hohen jüdischen Feiertagen notdürftig fertig. Die Verluste an Druckwerken und Kunstgegenständen bei diesem Brand waren unersetzlich.

Diese neue Hauptsynagoge, das Zentrum des jüdischen Lebens in Frankfurt war nicht nur die Wirkungsstätte der bedeutendsten Rabbiner, sondern

*) Inzwischen wurde eine Erinnerungstafel am Standort der früheren „Hauptsynagoge" angebracht.

hier fanden auch die Festgottesdienste bei den Kaiserkrönungen in Frankfurt, die auch von der nichtjüdischen Bevölkerung besucht wurden, statt. Schon hundert Jahre nach Fertigstellung war das Gebäude baufällig. In dieser Zeit der Mendelssohnschen Aufklärung kam es zu starken Auseinandersetzungen in der Frankfurter jüdischen Gemeinde zwischen der freisinnigen und der gesetzestreuen Richtung, die immer mehr zurückgedrängt wurde, was sich auf die Entwicklung der Synagogen in Frankfurt auswirken sollte. Hinter der großen alten Synagoge stand im Hinterhof die „kleine Synagoge", die später dem gesetzestreuen Element zur Verfügung gestellt wurde. Eine dritte Synagoge war die sogenannte „Klaus" im Süden der östlichen Häuserreihe der Judengasse, und diese Klaus-Synagoge streng gesetzestreuer Observanz überlebte alle Stürme. Sie siedelte später in die Ostendstraße über, wo sie bis zur Vorhitlerzeit mit einem Klaus-Rabbiner, dem heute in New York amtierenden Dr. Joseph Breuer, bestand.

Die vierte Synagoge war die Spitalsynagoge, die sich im alten Spital auf dem Gebiete des alten jüdischen Friedhofes befand. Auch sie überlebte in abgewandelter Form die Zeiten bis vor Hitler in dem Gebäude der jüdischen Männerkrankenkasse Ecke Rechneigrabenstraße, Börneplatz.

Zur Zeit der Aufklärung ging der Synagogenbesuch stark zurück, und es sei erwähnt, daß damals der Polizeikommissar des Primas von Dalberg alle Nebensynagogen schließen wollte, da der Ertrag der Miete für die Plätze der Hauptsynagoge zur Unterhaltung des Gemeindehospitals nicht mehr ausreichte. Noch zu dieser Zeit war der Gottesdienst in der Hauptsynagoge streng gesetzestreu, und dort amtierte der Rabbi Hirsch Horovitz, Sohn des berühmten Rabbi Pinchas Horovitz. Damals auch wurde — es war die Gründungszeit des Philanthropins — der alte Kompostell-Hof an der Dominikanergasse, dort, wo heute das Dominikanerkloster steht, zu einer Stätte jüdisch-religiöser Begegnung, die für die nächsten 50 Jahre besondere Bedeutung erlangen sollte. Der bekannte Lehrer des Philanthropins, Dr. Michael Creizenach, begann dort mit Sonntagsgottesdiensten und Andachtsstunden, in denen nach den radikalsten Prinzipien der Reform zwischen Ritualgeboten und Sittengeboten streng geschieden wurde. Diese Andachtsstunden führten zum Ausbau eines Andachtssaales, bis dann der reformierte Gottesdienst nach der baufälligen Hauptsynagoge verlegt wurde, als nach dem Tode des Rabbi Salomon Abraham Trier die gesetzestreue Richtung in der Gemeinde praktisch in die Nebensynagogen verdrängt worden war. (Das war im Jahre 1844.)

Zu einem Bau einer neuen großen Synagoge kam es nicht, da die Bedingung der Familie Rothschild — die bereit war, für Bauzwecke 200 000 Gulden zur

Verfügung zu stellen —, diese neue Synagoge dem althergebrachten Ritus zu erhalten, von der jüdischen Gemeinde abgelehnt wurde. Erst 1854 entschloß man sich, die Hauptsynagoge abzureißen und an dieser Stelle einen Neubau zu errichten, der am 23. März 1860 eingeweiht wurde. Inzwischen bahnte sich im jüdischen Leben Frankfurts ein revolutionäres Ereignis an. Streng gesetzestreue Elemente — es waren insgesamt elf Männer — erhielten 1848 die obrigkeitliche Bewilligung zur Schaffung einer „Israelitischen Religionsgesellschaft". Dieser Minderheit wurde im Jahre 1851 mit Empfehlung des Frankfurter Senats von der Gemeinde der Kompostell-Hof für ihre Gottesdienste angeboten, aber mit der Klausel, daß dieser Saal jedes Jahr auf einige Wochen zur Zeit der Schulprüfungen des Philanthropin der neologen Richtung zu räumen sei. Dieses Angebot wurde abgelehnt; auch die Orthodoxen in der Gemeinde, die in die Nebensynagogen abgedrängt waren, lehnten es ab, in eine „Winkel"-Synagoge (Kompostell-Hof) zu gehen. Bei dieser Haltung des orthodoxen Elementes spielte es eine große Rolle, daß der Sohn des Barons Carl von Rothschild, Chef des Hauses in Neapel — wo nicht einmal Juden wohnen durften —, der junge Baron Willy von Rothschild sich zur jüdischen Orthodoxie bekennen sollte. Er besuchte regelmäßig die oben erwähnte Klaus-Synagoge in der Judengasse.

Es kam zur Berufung des bedeutenden Rabbiners

Dr. Samson Raphael Hirsch, der 1851 nach Frankfurt zog und dessen erstes Bestreben es war, für die Gesetzestreuen eine neue Synagoge in Frankfurt zu errichten. Dieser Synagogenbau wurde mit Hilfe der Familie von Rothschild, die eine Summe von 70 000 Gulden bewilligte, ermöglicht, und es entstand in dem Kruppschen Anwesen, dort, wo eine Steinmetzwerkstätte war, Ecke Schützenstraße/Rechneigrabenstraße, eineSynagoge, die von Architekt Renk im maurischen Stil gebaut wurde und nach einer Renovierung im Jahre 1875 den Bedürfnissen der trennungs-orthodoxen streng religiösen Kreise bis zum Jahre 1907 diente. Als sich diese Synagoge mit ihren 500 Sitzplätzen nicht mehr als ausreichend erwies, baute man die Synagoge in der Friedberger Anlage in den Jahren 1905 bis 1907 mit romanischen Formen. Von der Synagoge Schützenstraße ist keine Spur mehr vorhanden. Hier war die Wirkungsstätte des Chordirigenten I. M. Japhet, dessen kantorale Kompositionen heute noch in der ganzen Welt bedeutsam sind.

Alte und noch lebendige Frankfurter Vergangenheit

Als die Hauptsynagoge in den Jahren 1854 bis 1860 wieder neu aufgebaut wurde, fand der liberale Gottesdienst zeitweilig im Kompostellhof statt, der auch weiterhin für die Gottesdienste im Frankfurter jüdischen Leben eine große Bedeutung haben sollte.

In der neuen Hauptsynagoge war Platz für 600 Männer und 500 Frauen, es war dies ein Gebäude im maurisch-byzantinischen Stil aus rotem Sandstein, mit einer Orgel. Diese Synagoge war die Wirkungsstätte des damals bekannten Rabbiners Dr. Leopold Stein und des in Frankfurt geborenen Rabbiners Dr. Abraham Geiger. Auch Geiger, der am kommunalen Leben Frankfurts großen Anteil nahm, regte nach der Besetzung der Stadt durch die Preußen an, in Frankfurt eine Universität zu gründen. Später war die Hauptsynagoge u. a. die Wirkungsstätte von Dr. Cäsar Seligmann und auch des heute noch lebenden Rabbiners Dr. Georg Salzberger. Die Oberkantoren Großkopf, Naumann-Fleischmann waren hier die Interpreten kantoraler Vorbetekunst in Deutschland.

Dann kam die Zeit des Wiedererstarkens der konservativen gesetzestreuen Richtung im Frankfurter Judentum. Man tat alles, zu spät, denn im Jahre 1876 wurde durch das „Erlösungsgesetz", wie es die Orthodoxen nannten, die orthodoxen Juden von der Zwangszugehörigkeit zur Reform-Gemeinde befreit. Die Israelitische Religionsgesellschaft trennte sich von der Israelitischen Gemeinde und wurde Körperschaft des öffentlichen Rechts. Jetzt tat die Gemeinde alles, um dem gesetzestreuen Flügel in der Gemeinde gerecht zu werden. Man berief den Rabbiner Dr. Markus Horovitz aus Gnesen, einen der bedeutendsten Männer des deutschen Judentums, gesetzestreu, aber Gegner des Austrittsgedankens. Er kam nach Frankfurt, verlangte eine würdige Stätte für den Gottesdienst der in der Gemeinde verbliebenen Kreise der Orthodoxie, und so wurde für kurze Zeit der „Kompostellhof“ den Gemeinde-Orthodoxen für ihren Gottesdienst zur Verfügung gestellt. Da die liberalen Gottesdienste wenig besucht wurden, die konservativen dagegen überfüllt waren, war bald der Neubau einer großen konservativen Synagoge notwendig. Die Israelitische Gemeinde entschloß sich, das Grundstück Judenmarkt 36 und hinter der Judenmauer 2 am heutigen Dominikanerplatz, wo sich jetzt eine Tankstelle befindet, zu erwerben. Man baute dort eine Synagoge mit einem Kostenaufwand von 200 000 Mark; das an diesem Platz befindliche alte jüdische Hospital wurde abgerissen. Am 10. September 1882 fand die Einweihung des Tempels, im Renaissancestil aus rotem Sandstein gebaut, statt. Der Architekt war S. Kusnitzky, Berlin. Im Jahre 1901 mußte die Synagoge von 900 auf 1300 Plätze erweitert werden. Die Bedeutung dieser Synagoge war weit über den Frankfurter Raum hinaus bekannt; an ihr wirkten später unter anderen der Rabbiner N. A. Nobel und Kantoren wie Fabian Ogutsch und I. B. Levy. — Das Gebäude wurde ein Opfer der „Kristallnacht“ im Jahre 1938.

In diesem Gotteshaus war man besonders darauf bedacht, die Tradition der Frankfurter jüdischen Lo-

Dr. Abraham Geiger
Geboren 24. 5. 1810 in Frankfurt a. M., gestorben 23. 10. 1874 in Berlin. Bahnbrecher der jüdischen Reformbewegung. Mitbegründer der Wissenschaft des Judentums, Gemeinderabbiner in Frankfurt a. M. von 1860-1870.

Inneres der Hauptsynagoge der Israelitischen Gemeinde
in Frankfurt a. M., Börnestraße, nach 1860.

kalgebräuche im Sinne der Kodifikation des „Jossef Ometz“ von Rabbi Joseph Hahn zu pflegen und es wurde damals die „offizielle“ Synagoge des Frankfurter Judentums. Dort fanden jährlich die Vereidigungen der jüdischen Rekruten der Frankfurter Regimenter, des 81. Infanterieregimentes und der 13er Husaren und später des 63. Feldartillerie-Regimentes, statt. Unvergeßlich ist das Wirken des mit prophetischer Redegabe begnadeten Rabbi N. A. Nobel. Die Atmosphäre der Vergangenheit der Frankfurter Judengasse wurde lebendig, wenn Tausende am Ende des Versöhnungstages aus der Börneplatz- und der Hauptsynagoge, die sich in der Börnestraße Ecke Synagogengäßchen (neben dem Café Goldschmidt) befand, nach der Innenstadt strömten.

An die Börneplatz-Synagoge erinnert heute nur noch eine Gedenkplatte mit der Inschrift „Von Naziverbrechern zerstört“, die am Eingang des alten jüdischen Friedhofes angebracht ist.

Nahe am Beginn der Rechneigrabenstraße befand sich in der jüdischen Männerkrankenkasse ein Gotteshaus, das die Tradition der alten Spitalsynagoge im streng gesetzestreuen Sinne aufrechterhielt. Sie hieß im Volksmund „Kippe-Stubb“, eine Mischung hebräischer und Frankfurter Dialekt-Tradition. Kippe ist das verballhornte hebräische „Kuppa“ = Kasse, das heißt Krankenkasse, und es war dies also die „Stube“ der Krankenkasse, in der man betete. In dieser Gegend befanden sich unzählige kleine Stübchen, in denen regelmäßig Gottesdienste stattfanden. Durch den Fortfall der Ghettomauern zu Beginn des 19. Jahrhunderts wurde die Tradition der Judengasse in andere Stadtviertel getragen, und so befand sich die uralte Synagoge der Löb-Reis'schen Stiftung seit 1883 im Hermesweg 25.

Es war schon die Rede von der Synagoge der Israelitischen Religionsgesellschaft an der Friedberger Anlage, die — obwohl der Austrittsgemeinde zugehörend — die größte Synagoge in Frankfurt war, mit 1600 Sitzplätzen. Gebaut durch die Architekten Jürgensen und Buchmann aus Charlottenburg, war sie ein äußerst gelungener synagogaler Bau, der mit einem Kostenaufwand von 700 000 Mark geschaffen wurde.

Dort amtierte als Nachfolger von Samson Raphael Hirsch Dr. Salomon Breuer, ein Rabbiner integralster Observanz mit Weltbedeutung. Das ganze Ostend war als Zentrum der gesetzestreuen Juden in Frankfurt gewissermaßen das Hinterland dieser Synagoge. Der Enkel dieses Rabbiners heißt heute Bar-Or und war als Staatsanwalt in Jerusalem im Eichmann-Prozeß tätig.

Der Oberkantor Peissachowitz wirkte an dieser Synagoge, und der erst vor kurzem (1961) in Frankfurt verstorbene Chordirigent Max Neumann war dort der fruchtbare Interpret kantoraler Chormusik.

Bilder von dieser Synagoge, von der noch ein kleiner Teil besteht, gibt es kaum. Auch hier befindet sich eine Plakette mit dem Hinweis, daß an diesem Platz einmal diese Synagoge stand.

Alle diese genannten Synagogen sind verschwunden. Nur durch ein Wunder blieb die Synagoge in der Freiherr-vom-Stein-Straße, die im Jahre 1910 eingeweiht wurde, erhalten. Diese Synagoge wurde nach ihrer Renovierung am 7. September 1950 durch Rabbiner Dr. Georg Salzberger — jetzt wohnhaft in London — neu geweiht.

In diesem Zusammenhang kann nicht vergessen werden, der jüdischen Gotteshäuser zu gedenken, die in Groß-Frankfurt bestanden, aber nicht dem historischen Frankfurt zuzurechnen sind.

Es gab eine selbständige Kultusgemeinde in Rödelheim, geleitet von Lehrer Julius Zinkes. An ihre Synagoge, die sich am Inselgäßchen befand, erinnert heute nichts mehr als die Säule in einer Werkstatt. Auch in Heddernheim existierte eine selbständige Kultusgemeinde, die unter der Führung des Sanitätsrats Dr. Ludwig Goldberg stand, mit einer Synagoge in Alt-Heddernheim 33. Nicht vergessen soll auch die Jüdische Gemeinde in Bockenheim mit einer Synagoge in der Schloßstraße 3-5 sein. Vorsitzender war Sanitätsrat Dr. Zacharias Strauß, der Kantor hieß Eschwege, und die vielen Hunderte von Mitgliedern wurden im konservativen Ritus seelsorgerisch betreut von Rabbiner Dr. Jakob Horowitz, der auch in der kleinen konservativen Gemeindesynagoge im Frankfurter Westend, in der Unterlindau 23, amtierte. Er war der Sohn des bereits erwähnten Dr. Markus Horovitz. Eine Synagoge der selbständigen Gemeinde in Niederursel, wo sich zwei Friedhöfe befinden, war schon lange vor der Hitlerzeit geschlossen.

An alles erinnert nicht mehr das Sichtbare, man kann nur noch der verlorenen Kulturstätten gedenken. Es muß aber auch erwähnt werden, daß bei den Bränden der Synagogen einiges von den städtischen Behörden sichergestellt worden ist.

Zusammen mit anderen Gegenständen der städtischen Museen wurden viele Kultgeräte im Zweiten Weltkrieg ins Bayerische ausgelagert; sie kamen nach dem Krieg in einen Bunker nach Rödelheim zurück und wurden dann im Gebäude der früheren Darmstädter Bank deponiert. Manche der Gegenstände wurden dann bei der Einweihung der Synagoge in der Freiherr-vom-Stein-Straße im Jahre 1950 der Jüdischen Gemeinde zurückgegeben und befinden sich dort in einem Safe. Einiges davon wird in der Synagoge den Ausstellungsbesuchern zugängig sein.

Das Gotteshaus in der kleinen Synagogen-Straße

Erinnerungen an die vor 100 Jahren erbaute Frankfurter Hauptsynagoge in der Altstadt

An einer Ruine an der Konstablerwache befindet sich heute noch ein Schild mit der Straßenbezeichnung „Börnestraße“, und das ist die einzige Erinnerung daran, daß hier der Eingang zur Judengasse war, die sich bis zum heutigen „Dominikanerplatz“ zog. Damals gab es noch eine Verbindung zwischen Börne- und Allerheiligenstraße, nämlich die kleine „Synagogenstraße“, und dort befand sich die alte Hauptsynagoge mit dem Hauptportal nach der Börnestraße, der hintere Teil grenzte an die Allerheiligenstraße. Daran erinnert heute nichts, nicht ein Stein ist von dieser Synagoge geblieben, deren Neubau am 23. März 1860 feierlich eingeweiht wurde.

Es war damals in einem Bericht der DIDASKALIA, Blätter für Geist, Gemüth und Publizität, in der Nummer vom 25. März 1860 viel über diese Eröffnungsfeier zu lesen, und charakteristisch war die Schlußsentenz dieses Berichtes: „... und wenn dereinst auch seine Mauern geschwärzt sein werden wie die alten, kürzlich niedergerissenen waren, wird es soviel von Toleranz und gegenseitiger Achtung zu erzählen wissen, als das frühere Gotteshaus von Intoleranz und Haß zu erzählen wußte ..."

Nun, es gibt keine geschwärzten Mauern mehr, nicht einmal einen Rest, so können sie auch nichts erzählen, bestimmt nichts von Toleranz und gegenseitiger Achtung.

Ursprünglich lebten die Juden in Frankfurt in der Nähe des Doms, und dort gab es auch eine Synagoge. Aber als man im Jahre 1460 mit der Absonderung des jüdischen Viertels in dieser Judengasse begann, entstand an diesem Platz in der Zeit von 1461 bis 1464 die zentrale Synagoge des jüdischen Ghettos in Frankfurt. Diese Synagoge brannte im Jahre 1711 bei dem sogenannten „Judenbrand" ab, wurde aber notdürftig wiederaufgebaut und war schon im September 1711 zu den jüdischen Herbstfeiertagen im Rohbau fertig. Diese alte Synagoge nach 1711 kam bald wieder in einen kläglichen Zustand und wurde 1854 abgebrochen, und die neue, große und prächtige Hauptsynagoge wurde am 23. März 1860 eingeweiht. Es handelte sich um einen Bau im maurisch-byzantinischen Stil, ein Meisterwerk des Frankfurter Architekten Johann Georg Kayser. Das untere Schiff enthielt 594 Sitzplätze für Männer und die beiden Emporen 506 Plätze für Frauen. 1884 wurde die Synagoge renoviert und neu gemalt.

Die Vorgeschichte des Aufbaus dieser Synagoge hat kulturpolitische Bedeutung. Die Frankfurter Jüdische Gemeinde war bis zur Zeit der Emanzipation alt-traditionell und gesetzestreu, und die Gemeinde-Synagoge, diese Hauptsynagoge, entsprach nach der Emanzipation in keiner Weise mehr den Anfordegerungen. Ein Neubau war dringend notwendig geworden. Die Familie von Rothschild entschloß sich daher, für einen Neubau die hohe Summe von 250 000 Gulden zu spenden, knüpfte daran nur die Bedingung, daß ein Unterrabbiner eingestellt werde, von dem zu erwarten sei, daß er in Einklang mit dem alten Rabbiner, Rabbi Salomon Trier, in traditioneller Weise sein Amt versehe. Nun wurde zu dieser Zeit in der Frankfurter Jüdischen Gemeinde der Einfluß der radikal-reformistischen Richtung immer stärker, und schließlich wurde sie zur Majorität. Diese Mehrheit wählte entgegen der Bedingung der Familie von Rothschild den Rabbiner Dr. Leopold Stein, der der neologen Richtung angehörte. Nachdem die Familie von Rothschild protestierte, entschloß sich die liberale Gemeinde, von der Schenkung des Hauses von Rothschild keinen Gebrauch zu machen. Dieser Schritt hatte mehrere Folgen. Der greise, streng gesetzestreue Oberrabbiner Salomon Trier legte sein Amt nieder, Dr. Leopold Stein wurde als Rabbiner im Jahre 1844 berufen, und der Neubau der baufälligen Synagoge verzögerte sich um Jahre. Erst im Jahre 1854 wurde die alte Synagoge demoliert, und am 23. März 1860 kam es dann zur Einweihung dieser neuen Hauptsynagoge. Im Jahre 1960 wären es etwa 500 Jahre gewesen, daß auf diesem historischen Boden sich das Hauptgotteshaus der Frankfurter Juden befand.

Dieser 23. März 1860 war ein Feiertag. Dieser Tag war besonders heilig, nicht nur wegen des Sabbats, sondern es war gleichzeitig der Neumond des Monats NISSAN. Das ist ein eigenartiges Zusammentreffen, denn der Monat Nissan ist der Monat des Auszuges aus Aegypten, und man muß in diesem Zusammenhang sich daran erinnern, daß in städtischen Urkunden das jüdische Ghetto als „Neu-Aegypten" bezeichnet wurde. Es ist daher kein Zufall, wenn in seiner Eröffnungspredigt der Rabbiner Dr. Stein an dem Freitagabend über die schwarze Vergangenheit in der finsteren Judengasse des „Neu-Aegypten" sprach und in seinem Sabbat-Vormittagsgottesdienst hinweisen konnte auf eine allseitig viel versöhnende Zukunft. Wörtlich sagte der Rabbi Dr. Stein: „Möge die alte Judengasse der letzte stumme Mahner an die Schuld der Vergangenheit sein und mit ihr die betrübende Erinnerung an dieselbe und der letzte Rest aller Vorurteile wegfallen . . ."

An den Einweihungsfeiern nahmen mehr als 1600 Personen teil, darunter nicht nur die Gemeindeangehörigen, sondern die beiden Regierenden Bürgermeister, die Vertreter des Senats und der Gesetzgebenden Versammlung der Stadt Frankfurt, Geistlichkeit und das Diplomatische Korps. Am Freitagnachmittag wurden die Thora-Rollen aus dem Kompostellhof eingeholt und in feierlicher Prozession in die neue Synagoge eingebracht. Es waren bei dieser Feier auch viele auswärtige liberale Rabbiner anwesend; vermißt wurde der bekannte Dr. Abraham Geiger. Der Chordirektor war Heinrich Hecht, und der Gottesdienst begann mit Orgelspiel und Chor des „Baruch Habba". Der Rabbi Dr. Stein und die anderen Rabbiner machten drei Umzüge mit den Thora-Rollen und sprachen den Dankspruch „SCHEHECHIJANU" an Gott, daß er „diese Zeit habe alle erleben lassen". Der Organist war Breidenstein, und es wurde in erhebender Weise der Psalm 29 vorgetragen, dann eine Festkantate, gedichtet von Rabbiner Dr. Stein, Musik von Jakob Rosenhain (Paris). Der Gottesdienst war halb in deutscher, halb in hebräischer Sprache und endete um 7.00 Uhr abends.

Am nächsten Vormittag war der Andrang des Publikums ebenso groß, und dieser Einweihungstag war ein Tag von völliger Harmonie und tiefer Anteilnahme des Frankfurter Publikums. Auch das „Frankfurter Konversationsblatt", die Beilage zur „Postzeitung", sprach von einem erhebenden Fest und dem herrlichen Bauwerk. Für den Geist der Zeit ist es bemerkenswert, daß der Redakteur Zirndorf damals schreiben konnte „. . . denn nur in einer Zeit, wo bei den eigentlichen Kulturvölkern — und nur diese zählen mit, wenn man den Maßstab des historischen Fortschritts anlegt — Duldung und Humanität in Fleisch und Blut übergegangen sind, war die Erbauung eines solchen Hauses möglich. Die Erbauung legt von dem erhöhten Lebensmut bei den Erbauern das schönste Zeugnis ab", und er weist besonders auf die kulturgeschichtliche Bedeutung dieses Tages hin, daß derselbe nicht das letzte Blatt ausfüllt in dem Ehrenpreise Frankfurts . . ."

Die Hauptsynagoge war an sich späterhin nicht mehr das eigentliche Zentrum des jüdischen religiösen Lebens in Frankfurt, denn dieses verlegte sich mit der Stärkung des konservativen Flügels in die Synagoge am Börneplatz, die im Jahre 1882 gebaut wurde, und in die großen Synagogen der Israelitischen Religionsgesellschaft, erst Schützenstraße, dann Friedberger Anlage, die 1600 Sitzplätze enthielt. Immerhin war diese „Hauptsynagoge" der historische Boden, der für viele hundert Jahre das Zentrum des geistigen Lebens der Juden in Frankfurt war und wo alle großen Rabbiner wirkten. Dort war auch der Platz, wo der Gründer der Dynastie „von Rothschild" und auch der Vater von Börne beteten.

Charakteristisch für den Zeitgeist war die Begeisterungswelle, die sich ausdrückte in Gedichten von Lokaldichtern. Das „Frankfurter Intelligenzblatt" gibt eine Epistel von Salomon Schwarzschild auf einer ganzen Seite wieder, die anfängt:

„Festgemauert in der Erde,
steht die Synagoge da ..."

und es geht so weiter bis zum Schluß:

„... Dies Haus, es sei der Lehre
und dem Frieden stets geweiht.
Gebet uns'rem Gott die Ehre,
Preis und Dank ihm alle Zeit."

In dieser Synagoge amtieren nach dem Rabbiner Dr. Leopold Stein, der im Jahre 1862 sein Amt niederlegte, bis zum Jahre 1870 der bekannte Dr. Abraham Geiger, ein Frankfurter von Geburt, anschließend Nehemias Brüll von 1870 bis 1891, nach dessen Tode Dr. Rudolf Plaut, der bis 1903 dieses Amt versah. Dann kam der bekannte Dr. Cäsar Seligmann, in Landau (Pfalz) im Jahre 1860 geboren, der in Frankfurt als Rabbiner amtierte bis zur Hitlerzeit und 1938 nach London übersiedelte, zusammen mit den Rabbinern Dr. Salzberger, der heute noch lebt, und dem verstorbenen Dr. Arnold Lazarus. Der Oberkantor Großkopf amtierte in dieser Synagoge bis 1918, ihm folgten dann Kantor Saretzki und Weissmann.

Es sind dies Erinnerungen, die man heute niederlegen muß, denn in fünf bis zehn Jahren werden sie sonst vollends in Vergessenheit geraten sein.

Wie der Geist der Zeit war, zeigen die oben zitierten Pressestimmen. Daß es aber auch damals noch starke Elemente der Finsternis gab, ersah ich aus dem „Frankfurter Journal" Nr. 80, wo man einen Bericht über eine Sitzung des Preußischen Herrenhauses wiedergab mit einer Debatte über die Beteiligung von Juden an Kreistagen. Das Hohe Mitglied des Herrenhauses, Senfft-Pilsach, verdient der historischen Vergessenheit entrissen zu werden, denn er sagte damals: „... was die Staatsregierung (die preußische — d. Verf.) hier wolle, sei ein direkter Angriff auf das Christentum."

Die Eröffnung der neuen Hauptsynagoge war am gleichen Tage wie diese Herrenhaussitzung und, wie die Zeitungen berichteten, zeigte sich nun die Synagoge in einem blendenden Meer von Gaslichtern. Aber nicht immer konnte sich die Kraft des Lichtes gegen die der Finsternis durchsetzen: Daran soll erinnert werden.

Die jüdischen Friedhöfe in Frankfurt

Frankfurt ist heute nicht mehr sehr reich an historischen Denkmälern, nachdem im Jahre 1944 durch Fliegerangriffe die Altstadt zerstört worden war. Geblieben sind — auch das nur zu einem Teil — die jüdischen Friedhöfe in Frankfurt mit einer interessanten Dokumentation der Lokalgeschichte. Dabei ist es vielleicht eine Ironie der Geschichte, daß das älteste historische Denkmal in Frankfurt wohl heute der alte jüdische Friedhof am Dominikanerplatz ist, an dem Platz, der früher Börneplatz und noch früher der Judenmarkt hieß, anschließend an das bis zum Jahre 1811 bestehende jüdische Ghetto.

Er gilt nicht als ältester Judenfriedhof in Frankfurt, denn die älteste jüdische Gemeinde wurde bei der ersten großen Judenverfolgung im Jahre 1241 ausgelöscht. Diese Gemeinde hatte ihren Friedhof nahe beim Dom gehabt; von diesem Friedhof ist nichts mehr erhalten geblieben.

Was man unter dem alten jüdischen Friedhof versteht, ist das Friedhofsgelände, das am heutigen Dominikanerplatz liegt und das vom Jahre 1260 an, als wieder Juden in Frankfurt ansässig waren, bis zum Jahre 1828 benutzt wurde.

Es ist interessant zu wissen, daß man erst bei den Renovierungsarbeiten nach dem letzten Kriege am Frankfurter Dom Reste jüdischer Grabsteine mit hebräischen Inschriften fand, die offenbar von dem zweiten jüdischen Friedhof zur Zeit der zweiten Judenverfolgung im Jahre 1349 weggenommen wurden. Ein noch erhaltener Grabstein soll aus dem Jahre 1284 stammen.

Der alte jüdische Friedhof am Dominikanerplatz hat in der Geschichte des Frankfurter Ghettos eine vielseitige Rolle gespielt. Bei der Enge seiner Fläche — 11 850 Quadratmeter, es befanden sich dort ca. 6000 Gräber — ist es wahrscheinlich, daß in vielen

Hunderten Jahren der Benutzung dieses Friedhofes in verschiedenen Aufschichtungen Beerdigungen erfolgten. Die Grabsteine sind eng nebeneinandergestellt gewesen, und heute noch beeindruckt die Schönheit der Lage des Friedhofes die Besucher. Einfachheit, Prunklosigkeit und Naturhaftigkeit der Anlage entsprechen dem jüdischen Kult. Zur Zeit des Hitlerregimes bestand die Absicht, diesen Friedhof zu planieren. Man entfernte den größten Teil der Grabsteine und zerstörte somit historische Denkmäler von unschätzbarem Wert. Nur noch vorhandene historische Arbeiten berichten über die Inschriften der Grabsteine, von denen neun Zehntel nicht mehr vorhanden sind. Fragmente einer kleinen Anzahl der zerstörten Grabsteine hat man dann noch auf den jüdischen Friedhöfen im Norden der Stadt gefunden, sie jedoch nach dem Kriege zur ursprünglichen Stätte zurückgebracht und an den Friedhofsmauern als Erinnerungszeichen eingesetzt. Es gibt dort einige Hügel, aufgeschichtet aus zerstörten Resten vieler Grabsteine. Im Jahre 1828 wurde dieser alte Friedhof geschlossen, nachdem schon seit dem Jahre 1817 ein neuer jüdischer Friedhof an der Rat-Beil-Straße mit einer Fläche von fast 74 000 Quadratmeter angelegt worden war. Diesem Gräberfeld schließt sich der Frankfurter Stadtfriedhof an und besitzt auch die früher vollkommen getrennte Sektion der streng orthodoxen israelitischen Religions-Gesellschaft.

Wenn man von der klassischen Periode der profanen Frankfurter Geschichte und auch von der großen Zeit der Entwicklung des Frankfurter Judentums seit der Emanzipation zu Beginn des 19. Jahrhunderts spricht, so ist eine Stätte dieser Erinnerung der Friedhof an der Rat-Beil-Straße, auf dem sich etwa 40 000 bis 50 000 Gräber befinden. Der Friedhof ist sehr gut erhalten und kaum zerstört (im Kriege wurde er von zwei Bombeneinschlägen getroffen). Die Metallaufschriften auf den Grabmalen entfernten die Nationalsozialisten während der Kriegszeit. Viele Namen sind unleserlich geworden, doch zumeist ist alles, dank der Restaurierung, wieder in guter Ordnung.

Die Beerdigungsbücher existieren zum großen Teil nicht mehr. Ein Buch aus dem Jahre 1869 ist noch erhalten; zudem wurden im Stadtarchiv Lagepläne sichergestellt, die es ermöglichen, exakte Feststellungen auch für noch unbelegte Familiengräber zu treffen. Heute finden noch jährlich drei bis vier Beerdigungen in diesem alten Friedhof, der bis zum Jahre 1929 benutzt wurde, statt. Seit 1929 werden die jüdischen Mitbürger auf dem neuen jüdischen Friedhof an der Eckenheimer Landstraße bestattet.

Auf dem alten Friedhof an der Rat-Beil-Straße befinden sich die Familiengräber der Freiherrlichen Familie von Rothschild, unter ihnen die Ruhestätte des letzten der Frankfurter Rothschilds, Wilhelm

Carl von Rothschild. Den Namen Elissen, gestorben im Jahre 1843, ersieht man aus einem Grabstein in hebräischer Sprache, ein Name, der in der Firmenbezeichnung des Bankhauses Speyer-Ellissen später in Frankfurt bedeutsam war. Auch begegnet man der Gedenkstätte der Familie L. A. Hahn, deren Namensträger Begründer der Deutschen Effecten- und Wechsel-Bank war. All die Ruhestätten von Persönlichkeiten zu nennen, die in der Geschichte der Stadt Frankfurt eine bedeutende Rolle spielten, müßten in dieser Betrachtung zu weit führen. Die Namen der Familie von Königswarter, der Name von Reinach, einer Familie, die später in Paris zu Weltruf kam, mögen nur Hinweise sein. Namen, wie Schmoller, der Gründer des „Grand Bazar", des heutigen Kaufhauses (jetzt Hertie), und Fuhrländer und viele andere, erinnern an die Warenhaus-Dynastien der „Zeil". Aber nicht nur Männer der Wirtschaft, sondern auch Philanthropen und Männer des Geistes haben auf dem alten Friedhof ihre letzte Ruhe gefunden. Charles Hallgarten und Professor Herxheimer, der berühmte Hautarzt, sind dort begraben. Beeindruckend in ihrer Einfachheit ist die Beerdigungsstätte für Professor Paul Ehrlich: dort sind auch der Gründer der „Frankfurter Zeitung", Leopold Sonnemann, und seine Familie begraben. Der Name Börne auf einem der Grabsteine erinnert daran, daß es noch jüdische Träger dieses Namens bis zum Jahre 1901 in Frank-

Dr. Samson Raphael Hirsch
Geboren 20. 6. 1808 in Hamburg, gestorben 31. 12. 1888 in Frankfurt a. M.
Begründer und geistiger Führer der Neu- (Austritts-) Orthodoxie,
Rabbiner der „Israelitischen Religionsgesellschaft" seit 1851.

Grabsteine im alten jüdischen Friedhof „Battonnstraße“
(Börneplatz - Dominikanerplatz). Aufgenommen 1963.

furt gab. Ludwig Börne selbst ist im Jahre 1818 in Rödelheim zum Christentum übergetreten. Das Grabdenkmal des bedeutenden Führers der radikalen Orthodoxie in Deutschland, Rabbiner Dr. Samson Raphael Hirsch, blieb unbeschädigt, ebenso auch die Grabdenkmäler der rabbinischen Persönlichkeiten Nobel und Markus Horowitz. Die nicht sehr gepflegte Sektion des Ehrenmals, die „dem Andenken der 467 Söhne unserer Gemeinde, die im Weltkrieg 1914—1918 ihr Leben für das Vaterland hingegeben haben", gewidmet ist, sei der fürsorgenden Pflege der zuständigen Stellen empfohlen.

Der neue jüdische Friedhof an der Eckenheimer Landstraße hat aktuelle historische Bedeutung. Dort befinden sich 5500 Gräber. Am Eingang befindet sich das einfache, aber dennoch eindrucksvolle Grab des früheren 1. Vorsitzenden der Israelitischen Gemeinde in Frankfurt, Justizrat Dr. Julius Blau; unvergeßlich ist er allen, die ihn kannten. Er starb am 16. Februar 1939, das Schlimmste dieser Zeit blieb ihm erspart. Eine Inschrift auf dem Grabstein erinnert an seinen im Ersten Weltkrieg gefallenen Sohn, den Referendar Fritz Blau. In der Nähe dieses Grabes wurde Franz Rosenzweig, der im Jahre 1929 verstorbene Religionsphilosoph, beigesetzt. Sein Hauptwerk „Der Stern der Erlösung" und seine Bibelübersetzung, gemeinsam mit Martin Buber verfaßt, leben fort.

Auf diesem Friedhof befinden sich 900 Ruhestätten Frankfurter Juden, die sich aus Furcht vor Deportationen durch die Nationalsozialisten, das Leben nahmen. Diese Gräber haben die gleiche Form und tragen in hebräischer Sprache die Aufschrift: „Gestorben für die Heiligung des Namens“. Auf vielen Grabsteinen des neuen Friedhofs finden die Besucher die Worte „Umgekommen im Konzentrationslager“. An unfaßbares Leid, während der Hitlerzeit auch in Frankfurt geschehen, erinnert der Friedhof und das am Eingang befindliche Ehrenmal für die in Auschwitz Umgekommenen.

Im Stadtgebiet von Groß-Frankfurt befinden sich insgesamt neun jüdische Friedhöfe. An der Sophienstraße in dem Winkel vor der alten Liebigschule liegt der Friedhof der alten jüdischen Gemeinde in Bockenheim, die, da dieser heutige Frankfurter Stadtteil zu Kurhessen gehörte, früher selbständig war. Begräbnisse fanden dort bis zum Ersten Weltkriege statt. Es besteht noch das historische Gräberfeld in Rödelheim, der einst ebenfalls selbständigen jüdischen Gemeinde, die noch in den Ursprüngen aus dem Mittelalter am Seedamm liegt. Dort auch wurden der bekannte Drucker und hebräische Grammatiker Wolf Heidenheim und Baruch Baschwitz, von dem der Plan der Lotterieanleihen stammt und der im Jahre 1833 von Kaiser Nikolaus I. von Rußland empfangen wurde, begraben. Auch der Drucker

Israel Lehrberger hat in Rödelheim seine letzte Ruhestätte gefunden; seine Druckerei trug später den Namen M. Lehrberger & Co. und ging anschließend auf die Frankfurter Verlagsfirma I. Kauffmann über.

Es existiert auch noch ein jüdischer Friedhof in Heddernheim; aus dieser Gemeinde stammte die bekannte Bankiersfamilie von Erlanger. Der Name bleibt unvergessen in Frankfurt mit der Stiftung des Kaiserbrunnens am Frankfurter Hof.

Es gibt auch in Griesheim einen jüdischen Friedhof. Auch in Niederursel gibt es zwei jüdische Friedhöfe: rechts am Oberurseler Weg mit fünf Grabstätten an der linken Straßenseite, im anderen Friedhof ist kein Grabmal mehr sichtbar.

Wenn von jüdischen Gedenkstätten in Frankfurt gesprochen wird, so muß daran erinnert werden, daß ein bedeutendes hebräisches Druckereizentrum in Rödelheim bestanden hat und mit dem Namen Wolf-Heidenheim eng verbunden ist.

Wenig bekannt ist, daß es auch in den Jahren 1711 bis 1757 eine hebräische Druckerei in Bad Homburg v. d. H. gab. Dieses Unternehmen verdankt seine Entstehung den Schwierigkeiten, mit denen die jüdischen Buchhändler in Frankfurt zu kämpfen hatten. Ihnen wurde verwehrt, in der Mainstadt eigene Druckereien zu eröffnen.

Im Jahre 1736 erschienen in der neu errichteten Druckerei des Aron Dessau unter der Regierung des

Landgrafen zu Hessen, Friedrich Jacob, Festtagsgebete nach deutschem Ritus. Das umfangreiche Werk in der Homburger Druckereiperiode erschien im Jahre 1742 und war der mehr als 630 Folioblätter enthaltende „Schulchan Aruch-Chosen Mischpat", ein jüdisch-juristisches Werk; der Herausgeber war der Drucker Aron Dessau, der aus Frankfurt stammte.

Später wurden auch hebräische Bücher in der hochfürstlichen Buchdruckerei in Homburg gedruckt, und auch bei Carl Reich, Hochfürstlicher Hof- und Buchdrucker, der dann später seine Offizin nach Rödelheim verlegte.

Offenbar gab es auch in Offenbach eine jüdische Druckerei, denn es sind Offenbacher Ausgaben deutsch-jüdischer Bearbeitungen aus dem Jahre 1714, wie die „von dem Grafensohn Peter von der Provence und der schönen Magelone", bekanntgeworden, die in hebräischen Lettern gedruckt waren.

Wenn jetzt in Frankfurt eine ‚Synagoga' stattfindet, so liegt es nahe, darauf hinzuweisen, daß in Frankfurt bedeutende periodische jüdische Wochenzeitungen erschienen. Es gab hier die streng orthodoxe Wochenzeitung „Der Israelit", für dessen Herausgabe maßgebend Jakob Rosenheim war (Redakteur war Selig Schachnowitz), der in Jerusalem gestorben ist und eine religiöse Wochenzeitung zionistischer Tendenz mit spezifischem Frankfurter Lokalkolorit, deren Herausgeber Sali Geis war. Es war dies das

„Frankfurter Israelitische Familienblatt", die Redaktion war in der Lange Straße 7; diese Wochenzeitung erschien bis in die Mitte der zwanziger Jahre.

Die früheren jüdischen Schulen in Frankfurt

Nur eine in Stein eingemeißtelte Aufschrift „Philanthropin", unscheinbar neben der Reklame eines heute dort etablierten Filmtheaters, erinnert an dem Haus Hebelstraße 17, daß dort einstmals das Philanthropin, die Realschule und das Lyzeum der Israelitischen Gemeinde, war. Nichts sonst ist geblieben — außer dem Gebäude — von dieser Schule, die im Jahre 1804 — allerdings nicht am gleichen Platze — eröffnet wurde und eine Kulturinstitution nicht nur des Frankfurter Judentums war, sondern das geistige Leben im ganzen deutschen Kulturbereich beeinflußt hat. Dieses Philanthropin war das Symbol der Liebe der jüdischen Bürger zu ihrer Heimatstadt Frankfurt am Main.

Von Mayer Amschel Rothschild angeregt

In den Jahren 1906 bis 1908 errichtete man einen für damalige Zeit imposanten Schulneubau, und seit 1909 befand sich hier in der Hebelstraße das Philanthropin. Vorher — seit 1845 — war diese Schule in der

Rechneigrabenstraße Nr. 14, in der Nähe des heutigen Dominikanerplatzes, inmitten des damaligen jüdischen Wohnzentrums im Frankfurter Ostend, dort, wo später die städtische Annaschule ihren Platz hatte.

Es war im Jahr 1803, als der Stammvater der Frankfurter Finanzdynastie, der Rothschilds, Maier Amschel, in Marburg einen herumirrenden jüdischen Jüngling sah und beschloß, etwas für die Erziehung von Waisen zu tun. Er gründete den „Verein Jüdisches Philanthropin“ in Frankfurt am Main und gab seinem Buchhalter, dem 1773 in Bingen geborenen Siegmund Geisenheimer, den Auftrag, eine Schule für Minderbemittelte ins Leben zu rufen.

Anfangs fand dieser Schulunterricht im Wollgraben statt, denn erst 1805 gab die Obrigkeit die Erlaubnis, ein Schullokal außerhalb der Judengasse in der Schäfergasse zu eröffnen. Aus diesen kleinen Anfängen entstand eine Schule, die ihre Höchstfrequenz im Jahre 1877 mit etwa 900 Schülern erreichte (Realschule, Mädchenschule und Vorschule).

Viel interessanter an diesem Philanthropin ist dessen geistesgeschichtliche Bedeutung für das Frankfurter jüdische Leben. Diese Entwicklung begann schon im Jahre 1794, als eine der Folgeerscheinungen der Französischen Revolution. Es war die Zeit der Aufklärung und der beginnenden Emanzipation im deutschen Judentum; in Berlin standen immer größere Kreise im Bann Moses Mendelssohns, des „deutsch-jüdischen Luther“, mit dem Verlangen, sich deutsche profane Bildung anzueignen. Dieser Weg führte über die Kenntnisse der deutschen Sprache. Auch in Frankfurt sprachen die Juden damals noch einen jiddischen Dialekt, das „Judendeutsch“, und das Erscheinen der Mendelssohnschen deutschen Pentateuch-Ausgabe (1783) war ein revolutionäres Ereignis. Dieser „Berliner Geist“ griff auch nach Frankfurt über. Die „unfrommen Neuerer“ oder Reformer begannen die Besonderheiten des jüdischen Rituals abzulehnen, sie waren für ein Aufgeben des Religionsgesetzes. Schon seit 1760 ließen einzelne Frankfurter Juden ihren Kindern durch Privatlehrer Profan-Unterricht erteilen; nur ausnahmsweise gingen Juden jedoch in das städtische Gymnasium, in dem man zwischen 1789—98 im ganzen nur sechs jüdische Schüler zählte.

Der Sturm aber brach los, als 1793 aus dem Kreis der Subskribenten der Mendelssohnschen deutschen Pentateuch-Ausgabe — es waren dies zwölf Familien — zum erstenmal der Plan auftauchte, eine öffentliche jüdische Schule zu errichten mit dem ausgesprochenen Ziel, der Profan-Bildung zu dienen. Der damalige Frankfurter Oberrabbiner Pinchas Horovitz, gestorben 1805, eine der bedeutendsten Persönlichkeiten, und der Vorstand der Israelitischen Gemeinde nahmen erbittert gegen diesen Plan Stellung; der Rabbiner griff sogar zu seiner schärfsten

Waffe: dem Bann. Der Oberrabbiner hatte — nicht zu Unrecht — Angst vor Abfall und Taufe.

Die Aufhebung dieses Bannes wurde unter Strafandrohung vom Senat der Freien Stadt Frankfurt am Main verlangt, und am 18. Dezember 1793 wurde in der Hauptsynagoge (in der Börnestraße) durch den Synagogendiener folgende Bekanntmachung vorgelesen: „Ehrbare Versammlung! Höret, daß auf Befehl eines Wohlregierenden Älteren Herrn Bürgermeister der wegen des Lehrinstitutes verhängte Bann wieder aufgehoben sey!"

Ein langer Rechtsstreit

Es würde zu weit führen, diese interessante Episode in aller Ausführlichkeit zu schildern. Jedenfalls entstand daraus ein langer Rechtsstreit zwischen der Israelitischen Gemeinde Frankfurt und der Stadt, ein Rechtsstreit, der bis zum Reichskammergericht nach Wetzlar ging. Die Jüdische Gemeinde war der Meinung, daß „eine sogenannte teutsche Schule, wie sie auch immer gemodelt seyn mag, mit dem ächten Judentum unvereinbar und als jüdisch religionswidrig sey, und daß der Senat kein Recht habe, sich in diese innerjüdische Sache einzumischen". Von jüdischer Seite wandte man sich weiterhin gegen den aus „Frankreich kommenden Revolutionsgeist", ein Argument, das sich 60 Jahre später für das jüdische Erziehungswesen in Frankfurt als sehr bedeutsam erweisen sollte.

Die jüdische Gemeinde in Frankfurt stellte damals die sehr peinliche Frage: „Warum ist es dann zu Frankfurt, wenn der lautere Unterricht der jüdischen Jugend einem wohllöblichen Schöffenrath wirklich und im Ernst am Herzen läge, dem jüdischen Vater nicht vergönnt, der öffentlichen bürgerlichen Lehranstalten, wo geprüfte, bewährte und moralische Lehrer angestellt sind, sich bedienen zu dürfen?" Das Reichskammergericht in Wetzlar stellte sich 1796 auf die Seite des Senats, und am 9. 5. 1796 im letzten Dekret wurden die jüdischen Vorsteher wegen Mißbrauch des Appellationsrechts mit einer Geldstrafe belegt.

Aber die Schule wurde nichtsdestoweniger nicht eröffnet, denn der aufgehobene Bann hatte immer noch auf die jüdischen Kreise seine starke moralische Wirkung. In der Nacht zum 14. Juli 1796 beschossen die Franzosen Frankfurt, die Judengasse ging in Flammen auf und damit endete eine Episode der Geschichte: man hatte damals keine Zeit und kein Geld mehr für das neue Unternehmen.

Erst am 1. Januar 1804 wurde dann das Philanthropin eröffnet. 1808 kam eine Mädchenabteilung dazu, die 1908 als Lyzeum anerkannt wurde.

Mit großem Enthusiasmus begann diese Schule, die von dem Fürst-Primas Dalberg und auch von Simon Moritz von Bethmann moralisch und finanziell unterstützt wurde, ihre Arbeit. Das Philanthropin war, formell gesehen, keine jüdische Schule. Toleranz sollte in der Aufnahme auch andersgläubiger Schüler und Lehrer bewiesen werden. Seit dem Jahre 1811, als aus dem „jüdischen Philanthropin" die Bürger- und Realschule der israelitischen Gemeinde wurde, gab es dort auch christliche Schüler. Als dann am 25. 6. 1867, zugleich mit der behördlichen Anerkennung des Philanthropin als Realschule zweiter Ordnung durch die preußische Regierung, diese dem Philanthropin untersagte, künftighin noch christliche Schüler aufzunehmen, intervenierte Leopold Sonnemann. Er erreichte am 25. 4. 1871 die Aufhebung dieses Erlasses.

Die „Philanthropinisten" waren eigentlich konfessionslos und hatten ihre Eigenart der Gottesverehrung. Es kam ab Mitte 1811 im Kompostellhof zum Sonntagsgottesdienst mit Gesang und Moralvortrag, was damals wichtiger als positive Religion erachtet wurde. „Der althergebrachte Gottesdienst sage nicht mehr zu", und so wurde dann in deutscher Sprache gebetet und nach deutschen Andachtsliederbüchern gesungen.

Vater und Sohn Creizenach

1828 fand im Philanthropin die erste „Konfirmation“ statt, an Stelle der traditionellen Barmizwah-Zeremonie. Die treibende Kraft dieser Reform war der Doktor der Philosophie Michael Creizenach, ein langjähriger Lehrer am Philanthropin, eine überragende Persönlichkeit, der schon im Alter von dreizehn Jahren als talmudisches Wunder galt, der aber nunmehr die Ritualgesetze nicht mehr als bindend anerkannte. Er starb 1842, und sein Sohn war der bekannte Goetheforscher Theodor Creizenach, der zuerst auch Lehrer am Philanthropin war, sich aber 1854 taufen ließ und dann Lehrer am Frankfurter Gymnasium wurde. Wenige dürften wohl wissen, daß die Aufschrift auf der Frankfurter Opernhausruine, jetzt noch sichtbar: „Dem Wahren, Schönen, Guten“, von ihm stammt.

Die führenden Persönlichkeiten und Lehrer im Philanthropin

Bedeutsame Leute waren die ersten Lehrer des Philanthropins, darunter Persönlichkeiten wie Jost, Auerbach und Johlson (hebräisches Pseudonym Bar-Amitai). Diesem Johlson ging die Reform zu weit, und trotz grundsätzlicher Bejahung der Neuerungen stellte er den Religionsunterricht im Philanthropin wieder auf eine mehr positive Grundlage. Er führte den grammatikalischen hebräischen Unterricht neu ein. Zum anderen verfaßte er aber auch deutschsprachige Liederbücher und leitete Andachten im Kompostellhof, zu denen auch häufig Christen kamen. Johlson, ein Idealist, war sich der Schwächen des neuen Systems völlig bewußt; von ihm kam das Wort: „Das ist das Unglück der Juden, daß sie keine Juden mehr sein wollen!"

Einem Mann vom Rang eines Dr. Michael Heß, der ein halbes Jahrhundert lang Direktor des Philanthropins war, folgten Dr. Hermann Bärwald und der noch vielen bekannte Dr. Salo Adler, gestorben 1919, und ab 1921 als letzter Direktor Dr. Otto Driesen. Auch der jüdische Historiker Prof. Isidor Kracauer war Lehrer des Philanthropins; von ihm stammt die „Geschichte der Juden in Frankfurt am Main von 1150 bis 1824".

Interesse am Hebräischen immer geringer

Bei dieser geistigen Tendenz im Philanthropin war es nicht verwunderlich, daß das Interesse am Hebräischen immer geringer wurde; schon im Jahre 1812 klagte man darüber, und 1882 wurde der hebräische Unterricht drastisch gekürzt: er wurde wahlfrei. Überhaupt nahm das Interesse der jüdischen Eltern am Philanthropin ab, und das zeigte sich auch in der Frequenz dieser Schule, die im Jahre 1901 ein

Minimum von 454 Schülern aufwies (Maximum 1877: 900).

Die Gründe dafür haben etwas mit der Geistesgeschichte Frankfurts zu tun. Das Interesse der liberalen Juden an einer „jüdischen“ Schule wurde immer geringer, und die jüdischen Kinder neologer Eltern besuchten immer mehr die allgemeinen Schulen der Stadt, eine Tendenz, die auch mit der Ausdehnung der Stadt nach Westen und Nordwesten in Zusammenhang stand, da viele jüdischen Familien, die bisher im Ostend wohnten, nach diesen Teilen der Stadt zogen.

Für die jüdische Sinnesrichtung der damaligen Zeit — im Jahre 1880 — ist das Bestreben charakteristisch, den Sonntagsunterricht abzuschaffen und dafür Unterricht am Sabbat, wenn auch nur in Hebräisch und Religion, stattfinden zu lassen. Der Schulrat des Philanthropins stimmte diesen Wünschen zu, konnte sich aber gegen die Regierung, die dagegen war, nicht durchsetzen. Im Jahre 1895 bestand für das Philanthropin durch den Rückgang der Schülerzahl die Gefahr, die Schule schließen zu müssen. Die Israelitische Gemeinde mußte eingreifen. Sie zahlte schon seit 1818 Subventionen an das Philanthropin und mußte nun mehr als die Hälfte ihres Steueraufkommens für das Philanthropin aufwenden. Die Gemeinde stellte die bisher formal selbständige Schule jetzt direkt unter ihre Kontrolle, und von den neun

Mitgliedern des bisher sehr autonomen und selbstherrlichen Schulrats wurden künftighin fünf, also die Majorität, von der Israelitischen Gemeinde ernannt.

Im Geist Pestalozzis und der Humanität

Seit Beginn des 20. Jahrhunderts zeigten sich auch im Philanthropin wieder Ansätze einer stärkeren Re-Judaisierung, und besonders unter dem Einfluß des letzten Direktor Dr. Driesen wurde diese Entwicklung verstärkt. Es gab Fälle, in denen sogar gesetzestreue Eltern ihre Kinder wieder in das Philanthropin schickten.

Das Philanthropin war zu einer hervorragenden Stätte im Geiste Pestalozzis und der Humanität geworden, wohl eine der besten Schulen, die es in Frankfurt gab, aber es war eine Trutzburg gegen die jüdisch-religiöse Tradition. Aus dieser Schule sind hervorragende jüdische Bürger der Stadt Frankfurt hervorgegangen. Und obgleich im Jahre 1853 auf Initiative des Rabbiners Dr. Samson Raphael Hirsch die gesetzestreuen Kreise in Frankfurt eine jüdische höhere Schule orthodoxer Observanz gründeten (worüber noch zu sprechen sein wird), so wurde auch dort das ultra-deutsche Erziehungsideal vom Philanthropin als Vorbild genommen.

In der Vor-Hitlerzeit waren bedeutende Persönlichkeiten im Schulrat des Philanthropins tätig. Es seien nur die Namen von Stadtrat a. D. Anton Horkheimer, Rechtsanwalt Dr. Richard Merzbach und Sanitätsrat Dr. Alfred Günzburg genannt. Unter dem Naziregime soll der Unterricht im Philanthropin noch in sehr begrenztem Umfang bis zum Jahre 1941 abgehalten worden sein. Dann war alles zu Ende.

In den Wirren des Krieges

Im Krieg wurden im Philanthropin zuerst Fremdarbeiter untergebracht, dann war dort ein Reservelazarett, eine Zweigstelle des Bürgerhospitals. Nach dem Krieg kam das Friedrichsheim der Universität dorthin, und erst am 1. Oktober 1948 wurde das Gebäude wieder frei; anfangs der fünfziger Jahre wurde es wieder der Jüdischen Gemeinde übergeben. Von dem alten Philanthropin ist nichts übriggeblieben außer der Aufschrift „Philanthropin" über dem Eingang. Und in dem heute altmodisch erscheinenden, aber immer noch imposant wirkenden Haus befinden sich Büroräume, darunter einige Amtsstellen jüdischer Organisationen. Von den früheren Lehrern lebt in der Nähe Frankfurts noch Prof. Dr. Hugo Schaumberger als Insasse eines jüdischen Altersheims in Neustadt an der Weinstraße (inzwischen verstorben).

Und nun muß der Chronist noch von einer überraschenden Entdeckung berichten: Beim Durchstöbern der Dachkammern des Philanthropin-Gebäudes fand er als einziges Überbleibsel der Vergangenheit in einer Ecke, verstaubt, eine beschädigte Erinnerungsplakette an Siegmund Geisenheimer, an den Mann, der das Philanthropin im Jahre 1804 gegründet hatte. Diese Plakette, von deren Existenz man bisher nichts wußte, dürfte wohl bald einen angemessenen Ehrenplatz zugewiesen erhalten.*) Sie befand sich einstmals rechts am Haupteingang des Philanthropins. Ursprünglich war die Tafel von der Israelitischen Gemeinde zu Frankfurt am 12. Dezember 1873 in dem alten Schulgebäude in der Rechneigrabenstraße angebracht, so wie es auf der Tafel heute noch zu lesen ist: „Generationen segnen dankbar sein Werk."

Die Schule des Rabbiners Samson Raphael Hirsch

Im Jahre 1851 beschlossen 44 gesetzestreue Mitglieder der damals als Privatverein neugegründeten Israelitischen Religionsgesellschaft — sie gehörten zu dieser Zeit noch formell der Israelitischen Gesamtgemeinde an —, den in Hamburg 1808 geborenen Rabbiner Dr. Samson Raphael Hirsch nach Frankfurt zu berufen. Damit begann ein neuer Abschnitt nicht nur der Frankfurter jüdischen Geschich-

*) Inzwischen rechts innen an der Eingangspforte des Philanthropins angebracht.

Altes Schulgebäude und Synagoge der Israelitischen Religionsgesellschaft,
Ecke Schützenstraße und Rechneigrabenstraße, vor 1900.

„Philanthropin", die Höhere Schule der Israelitischen Gemeinde
in Frankfurt a. M., Hebelstraße.
Aufnahme vor 1933. Das Gebäude ist erhalten geblieben.

te, sondern auch des ganzen zeitgenössischen Judentums. Eine der ersten Aufgaben sah dieser Mann in der Gründung einer höheren jüdischen profanen Schule strenger religiöser Observanz.

Am 18. Oktober 1852 reichte der Vorstand der Israelitischen Religionsgesellschaft einem Hohen Senat der Freien Stadt Frankfurt eine „gehorsamste Darstellung und Bitte“ ein, „die Erlaubnis zur Errichtung einer Unterrichtsanstalt für Knaben und Mädchen betreffend“. Daß es zu einem solchen Schritt kam, hatte natürlich etwas zu tun mit dem Einfluß der Erziehungserfolge des Philanthropin. Auch die radikal gesetzestreuen Kreise strebten jetzt eine Synthese deutscher Kultur an, allerdings mit strengster jüdischer Tradition.

Denkschrift an den Senat

In dieser Denkschrift an den Senat wurde darauf hingewiesen, daß die Errichtung einer Schule mehr als irgend etwas anderes „die ganze Existenz unserer religiösen Gesellschaft bedingt und daß dies eigentlich das Ziel unserer Vereinigung bildet, wenn die Erziehung unserer Jugend, die Heranbildung unserer kommenden Geschlechter, im ungeteilten Geiste des religiösen Prinzips gesichert sein wird“. Und es heißt dann weiter, daß dieses Prinzip kein anderes ist als „dem ächten Geist des ungeschmälerten väterlichen Glaubens Hand in Hand mit dem ächten Geist jeder wahren Bildung zu pflegen ...".

Diese Eingabe, die wohl im Original durch Kriegseinwirkungen vernichtet sein dürfte, hatte den gewünschten Erfolg, und am 1. April 1853 eröffnete man die höhere Schule der Israelitischen Religionsgesellschaft in der Schützenstraße 14, angeschlossen an die Räume der damaligen Synagoge, mit drei Klassen und 87 Schülern und Schülerinnen. Sie wurde 1864 erweitert und 1881 siedelte sie in ein neues Gebäude Am Tiergarten 8 über. Die Reste dieses Gebäudes wurden vor mehreren Jahren abgerissen; hier ist jetzt ein Erweiterungsbau für das Heinrich-von-Gagern-Gymnasium errichtet worden.

Die Schule, die in den zwanziger Jahren unseres Jahrhunderts den Namen „Samson-Raphael-Hirsch-Schule" erhielt, wurde mit Hilfe der Familie von Rothschild gegründet, und für sie galt das Prinzip, die Jugend religiös im Glauben der Väter zu erziehen, sie aber auch mit der Bildung für den modernen Alltag auszurüsten. Die Schillerfeier am 10. November 1859, bei der S. R. Hirsch die Festrede hielt, zeigte, mit welcher Begeisterung deutsche Kulturleistungen von einem streng orthodoxen Juden im jüdischen Kreise gefeiert wurden. Das Ideal dieser Schule war, durch Betonung der Rolle des Hebräischen dem Schüler die Welt des jüdischen Schrifttums und die Schätze der jüdisch-religiösen Kulturwelt zu öffnen und in den Tagen schwindender Ehrfurcht und wachsender Autoritätslosigkeit die Erziehung so zu leiten, daß „das Wollen mit dem Sollen in Übereinstimmung gebracht wird".

Samson Raphael Hirsch starb 1888, aber schon vorher war Dr. Mendel Hirsch, sein Sohn, Direktor der Schule geworden. Ihm folgte 1901 Dr. Gerson Lange, und der letzte Direktor war seit 1923 Dr. Elias Fink.

Eine der besten höheren Lehranstalten

Die Schule nahm einen gewaltigen Aufschwung; sie war anerkannt eine der besten höheren Lehranstalten in Frankfurt. Die Schülerzahl erreichte ihr Maximum in den Jahren 1923-24 mit 766 Schülern. Es wurde immer darauf hingewiesen, daß eine von Juden besuchte Realschule noch keine jüdische Schule zu sein braucht, und im Jahre 1863 sagte Hirsch, daß es Grundsatz dieser Schule sei, staatsbürgerliche Gesinnung im Geist des deutschen Volkstums zu bilden, aber fern von chauvinistischer Geringschätzung fremden Volkstums, so, wie dies die Propheten gelehrt haben. „Zu der äußeren Gesetzmäßigkeit muß noch die innere kommen, mit Herzen und Gesinnung treu zu sein dem Lande."

Die Schule arbeitete nach modernen pädagogischen Prinzipien, und die Lehrkräfte waren von hohem Niveau. Einer der Lehrer war eine zeitlang Dr.

David Hoffmann, der spätere Rektor des Berliner Rabbinerseminars. Viele Persönlichkeiten, die dann in der Welt zu Ansehen und Bedeutung gelangt sind, die aber auch in Frankfurt eine Rolle gespielt haben, waren Zöglinge der Anstalt. So Jakob H. Schiff in New York und Leopold Schwarzschild, der in der Weimarer Zeit die Wochenzeitung „Das Tagebuch" herausgegeben hat; auch Dr. Nahum Goldmann besuchte viele Jahre die Schule. Mit zu den Initiatoren der Schule zählte Philipp Abraham Cohen, dessen Schwiegersohn die Metallgesellschaft in Frankfurt gründete; auch Freiherr Wilhelm Carl von Rothschild gehörte bei der Gründung dem Schulrat an, ebenso wie Philipp Ellinger, Kommerzienrat Louis Feist, der Seniorchef des weltbekannten Metallhauses Beer-Sondheimer, Nathan Sondheimer und Leo Wreschner, die Mitchefs des gleichen Hauses, ferner Julius M. Bier (Immobilien), Adolf Stern und Meier Selig Goldschmidt.

66 Schüler fielen für Deutschland

Nicht eine Spur erinnert mehr in Frankfurt äußerlich an das Bestehen dieser Schule. Im Ersten Weltkrieg fielen 66 ehemalige Schüler dieser Anstalt, und auch die Gedenktafel für sie existiert nicht mehr. Eine Reproduktion dieser Tafel sollte für die Geschichte der Stadt Frankfurt von Wert sein.

In unserer Darstellung des jüdischen Erziehungswesens in Frankfurt ist noch darauf hingewiesen worden, daß es in der Theobaldstraße 8 ein privates jüdisches Mädchenlyzeum gab, das sogenannte Heinemannsche Institut, gegründet von Dr. Heinrich Heinemann. Er war eine in Frankfurt bedeutende Persönlichkeit und gehörte in den Jahren 1865-67 zum Lehrkörper der Samson-Raphael-Hirsch-Schule. Sein Sohn, Dr. Isaac Heinemann, ein bekannter Philosoph und Pädagoge, starb 1957 in Jerusalem. Außerdem gab es noch eine israelitische Volksschule für Knaben und Mädchen am Röderbergweg, die nach Abschaffung der Volksschulklassen durch das Grundschulgesetz des Jahres 1919 die Grundschulklassen der Samson-Raphael-Hirsch-Schule übernahm.

Israelitische Volksschule in der Schützenstraße

Diese israelitische Volksschule wurde am 1. Juni 1882 eröffnet, um für die Kinder der minderbemittelten jüdischen Familien, die an einer religiösen Erziehung ihrer Kinder interessiert waren, zu sorgen. Sie stand den gesetzestreuen Kreisen der Israelitischen Religionsgesellschaft nahe und wurde von ihnen durch freiwillige Spenden und Stiftungen finanziert. Im Jahre 1882 hatte Frankfurt 140 000 Einwohner, darunter nahezu zehn Prozent Juden. Die beiden jüdischen höheren Schulen zählten damals zusammen mit einigen Privatinstituten 1765 jüdische Schüler.

Zuerst befand sich diese Volksschule in der Schützenstraße. Auch sie wurde auf Initiative des Rabbiners Samson Raphael Hirsch gegründet. Ein Teil des Schülerzuwachses stammte aus ostjüdischen Familien, die als Flüchtlinge in Unkenntnis der deutschen Sprache, in andere Schulen nicht aufgenommen werden konnten. 1889 wurde das neu eingerichtete Schulhaus am Röderbergweg bezogen. Die Schule wurde in großzügiger Weise insbesondere von der Freifrau Wilhelm Carl von Rothschild unterstützt, seit 1918 auch durch einen Jahreszuschuß von 10 000 Mark der Stadt Frankfurt, nachdem zur Unterhaltung der Schule schon in den Jahren 1882—1918 etwa 2 Millionen Mark aus freiwilligen Gaben aufgebracht worden waren. Rektor der Schule war bis 1924 Benjamin Falk, danach Baruch Stern.

Ehemalige Schüler der jüdischen Schulen in Frankfurt am Main sind heute in der ganzen Welt anzutreffen und diese Schulen aus der Frankfurter Lokalgeschichte nicht mehr wegzudenken. Einer der bedeutendsten Lehrer der Samson-Raphael-Hirsch-Schule, Dr. Joseph Breuer, ist heute in New-York Rabbiner einer streng gesetzestreuen Kongregation, und dort, ebenso wie in Zürich und Israel, ist heute noch so manches dieser Frankfurter jüdischen Tradition sehr lebendig.

„Der das Verborgene zum Lichte brachte“

Wolf Heidenheim
— der Rödelheimer „Mendelssohn des Machsor“

In einem Flügel des in der Wetterau gelegenen Schlosses der Grafen Solms-Rödelheim in Assenheim gibt es ein einzigartiges Museum. Alles auf die Geschichte des Hauses „Solms“ sich Beziehende ist dort in liebevoller Kleinarbeit zusammengetragen; man sieht dort unter vielem anderen noch die Uniformen des aus elf Mann bestehenden Rödelheimer Kontingentes der aus einer Kompanie bestehenden Armee der Gesamt-Solmsischen Streitkräfte. In dieser Zeit war Solms-Rödelheim-Assenheim eine selbständige Grafschaft und ein souveräner Staat von 5297 Einwohnern mit 12,5 Orten und Gehöften (der „halbe“ Ort war die Hälfte von Niederursel mit 402 Einwohnern, die andere Hälfte gehörte zu Frankfurt). Durch die Rheinbund-Akte des Jahres 1806 kam am 13. September 1806 Rödelheim zu der „Landgrafschaft“ Hessen-Darmstadt, welches dann von Napoleons Gnaden zu einem Großherzogtum „erhöht“ wurde. Damit kam der letzte seit 1790 „regierende Graf“ Vollrath Friedrich Karl Ludwig zu Solms-Rödelheim (1762-1818) um seine Landeshoheit und wurde, wie viele andere mediatisierten Reichsgrafen ein Standesherr nur mit Patrimonialrechten. Der

Graf Vollrath starb am 5. Februar 1818 in Rödelheim und wurde im Schloß Assenheim begraben.

Der Graf Vollrath und Heidenheim

Der selbst gelehrte Graf Vollrath war ein Intimus des Braunschweiger Pädagogen J. H. Campe (Philanthropinum) und dessen Schwiegersohn H. F. Vieweg, der in seinem Verlage unter anderem Werke von Goethe, Herder, W. von Humboldt und der beiden Schlegel herausbrachte. Die „geistige Heimat" dieses Kreises, und daher auch des Grafen Vollrath, waren die von Lessing und Mendelssohn propagierten Toleranzgedanken; Vollrath war geistig ganz in der Aufklärung verwurzelt, hatte daher wenig Sinn für den deutschen Klassizismus und war als Humanist und Philanthrop auch „Protektor der Juden".

In Rödelheim wohnten um die Wende des 18. Jahrhunderts etwa 300 Juden (ein Drittel der Gesamtbevölkerung); 1812 gab es 426 (30 Prozent der Gesamtbevölkerung) Juden in Rödelheim, die sich des Wohlwollens der „hochgräflichen Solms'schen Verwaltung" erfreuten. Als der „hochzuverehrende" Frankfurter Oberrabbiner Pinchas Halevi Horovitz im Jahre 1783 von dem Solmsischen Amtsverweser in Rödelheim um die Unterstützung eines mit Moses Mendelssohn befreundeten erkrankten evangelischen Geistlichen ersucht wird, verspricht der Amtsverweser dem Oberrabbiner „daß es (ihm) jederzeit zum wahren Vergnügen gereichen wird — Hochwürden Glaubensgenossen — wieder Dienst erweisen zu können“. Diesem Zeitgeist entsprach es, daß der Graf Vollrath am 1. Dezember 1798 an Baruch M. Baschwitz und Wolf Heidenheim „Buchdrucker allhier“ eine Konzession zur Errichtung einer „privilegierten orientalischen und occidentalischen Buchdruckerei“ in Rödelheim erteilte.

Dokumente darüber finden sich in dem „Rödelheimer Zimmer“ des Assenheimer Schlosses, darunter überraschend als Preziose eine „Ode“ von Wolf Heidenheim aus dem Jahre 1799; sie galt lange als verschollen, so daß sie mit der Zeit vergessen wurde. Diese Ode ist dem „regierenden Reichsgrafen“ Herrn Vollrath in hebräischer und deutscher Sprache „IM JANUAR DES 18ten JAHRHUNDERTS letzten Jahrs IN TIEFSTER EHRFURCHT UND UNTERTÄNIGKEIT ÜBERREICHT“. In dem „Vorbericht“ des „Gedichtes“ heißt es u. a.: „Wer es weiß wie sehr ER sich beeifert, Künste und Wissenschaften hierher zu verpflanzen, und wie huldreich ER das Unternehmen des Verfassers dieser Ode begnädigte ... Wer übrigens weiß, daß in diesem Landesherrn ... auch der Philosophen Deutschlands Ersten Einer zu bewundern ist: Wer dieses alles weiß ... der wird eingestehen, daß an dieser Ode die Schmeicheley keinen Antheil habe.“

„Sey gesegnet edler Sprosse aus Solma“, so heißt es in hebräischer Sprache am Anfang und endet in der ersten Strophe, daß er der von Ernst (Graf Johann Ernst Karl) Erzeugte zur Begründung Rödelheims Wohl erkohren (ist). „Aber Vollraths Ruhm wird nimmer vergehen“, heißt es dann weiter, „denn Weisheit ist Dein Leitungsstab“. Dem Ausruf „Weicht ihr Helden schreckbarer Thaten“ gehen manch andere Lobpreisungen voran, von denen die Sentenz: „Heil dem Fremdling ob Deines Schutzes stolz“ wohl ebenso dem Verfasser aus dem Herzen spricht wie die Feststellung, „(daß) in Deinen Hallen das Mord-Gewehr (rostet)“. Die Ode klingt aus mit einer vom „allgütigen Vater“ erflehten „Seegens-Fülle“: „Dann wird SOLMA sich freuen RÖDELHEIM frohlocken, SELA.“

ODE an Ihre Hochgräflichen Erlaucht Herrn Vollrath regierenden Reichsgrafen zu Solms-Rödelheim und Assenheim etc. etc.

In hebräischer und deutscher Sprache

. . .

Im Januar des 18ten Jahrhunderts letzten Jahrs In tiefster Ehrfurcht und Unterthänigkeit überreicht von W. Heydenheim et B. M. Baschwitz Buchdrucker allhier

. . .

Rödelheim

Das Grab vom Wolf Heidenheim

Wolf Heidenheim wurde von da an zu einem Teil der Rödelheimer Lokalgeschichte und darüber hinaus als ein der wesentlichen Figuren jüdischer Geistigkeit bedeutsam für die Geschichte der Juden in Frankfurt. Er war mehr als ein Oden-Dichter und weit mehr als ein Buchdrucker; und darüber sagt die Inschrift auf seinem Grabstein manches aus. Diese Grabinschrift ist heute noch vorhanden, und zwar auf einem Monument in dem ältesten noch vorhandenen jüdischen Friedhof in Rödelheim am Seedamm neben dem Schindanger, versteckt zwischen Gärten des Zehntmarkweges und der Gaugrafenstraße gelegen. Dieser uralte Friedhof wurde bis zum Jahre 1859 belegt; der von dieser Zeit an benutzte neuere jüdische Friedhof an der Westerbachstraße in Rödelheim ist seit der Hitlerzeit seiner jüdischen Zweckbestimmung entzogen.

Die Grabinschrift zur Erinnerung an Wolf Heidenheim ist in hebräischer Sprache sehr gut lesbar und sei erstmalig nachstehend in deutscher Sprache wiedergegeben, ohne daß dabei auch nur annähernd die poetische Schönheit der Originalsprache zum Ausdruck kommt:

Der Ort, wo das Grab ist — des universell Gelehrten — des Großen Grammatikers. „Der Ergraute und Greise ist auch unter uns.“ (Hiob XV, 10). Der bekannte, rabbinisch Geschulte Rabbi Benjamin Wolf, Sohn seiner Ehrwürden des Raw Simson seligen Angedenkens aus Heidenheim, starb am Freitag, dem Vorabend des heiligen Sabbath, dem 23ten und wurde beerdigt am Sonntag, dem 25ten Adar „A“ 5592 (1832).

Auf der Rückseite des Grabsteines heißt es weiter: „Oh, Du hebräische Sprache wälze Dich im Staub, lege Dein Geschmeide ab und hülle Dich in einen Sack. Der, welcher Dich aus dem Staub emporgezogen hat, wurde jetzt selbst zum Staub der Erde. Er legte in kluger Weise die Lehre Gottes aus und erklärte die poetischen Lieder Israel. Wehe uns, der das Verborgene zum Licht brachte, ging von uns. Möge in ewiger Ruhe seine Seele schlummern, in der Wohnung des Friedens in Stille und Geborgenheit. Dort möge er im Schatten rasten und ruhen.“

Der Verfasser dieser Grabinschrift ist unbekannt; die Textierung ist selten schön, sie ist auch erschöpfend informativ für die Persönlichkeit des Toten. Als dieser Grabstein im Jahre 1893 morsch wurde und zu verfallen drohte, ergriffen damals die Verehrer Heidenheims die Initiative, diesem einen neuen schönen Syenitdenkstein als Tribut der Dankbarkeit zu setzen. Es waren die Herren Dr. Berliner und der Rabbiner Dr. Marcus Horovitz, denen das Verdienst um dieses Werk gebührt. Der heute vorhandene Grabstein — aufgestellt auf einem alten Sockel —

mag das vor 73 Jahren erneuerte Monument sein, aber auch das ist nicht sicher; denn die Inschrift ist für einen 73 Jahre alten Grabstein zu gut sichtbar. Vieles spricht dafür, daß eine Renovation der Beschriftung noch einmal später stattgefunden haben muß. Über das Schicksal dieses Kulturmonumentes während der Hitlerzeit besteht Unklarheit, in die Licht kommen könnte, wenn etwas über die Bedeutung der in lateinischer Schrift an dem Grabstein angebrachten Signatur „Gr. P. F.“ bekannt werden würde. Es ist anzunehmen, daß der Grabstein nicht genau auf dem Platze sich befindet, auf dem Heidenheim ursprünglich begraben wurde.

Wer war dieser Heidenheim?

Er wurde im Jahre 1757 in Heidenheim in Mittelfranken geboren und besuchte in jungen Jahren die weltbekannte Hochschule (Thora-Lehrinstitut „Jeshiwa“) in Fürth in Bayern, wo er bei scharfsinnigen Talmudisten und Mathematikern seine Ausbildung erhielt.

Heidenheim war im Gegensatz zu den stark konservativen Fürther Rabbinern ein Bewunderer Moses Mendelssohns, und das veranlaßte ihn, wahrscheinlich im Jahre 1782 — im Alter von 25 Jahren — Fürth zu verlassen und nach Frankfurt überzusiedeln. In Frankfurt schloß er sich dem Kreise des bekannten Talmudisten und Kabbalisten Rabbi Nathan

Adler (Rebb' Noosen) an und kam auch in freundschaftliche Beziehung zu den rabbinischen Autoritäten der damaligen Zeit, dem Frankfurter Oberrabbiner Pinchas Halevi Horovitz („Haflaah") und dem Hanauer Rabbiner Moses Tobias Sondheimer (dessen Nachkommen später das Frankfurter Metallhaus Beer, Sondheimer & Co. gründeten). In Frankfurt setzte Heidenheim mit Bienenfleiß sein Studium des Talmud, der rabbinischen Literatur und der profanen Wissenschaften fort und wurde dabei von dem Gelehrten und Rabbinatsassessor Seligman Schammes gefördert, der ihm seine wertvolle große Bibliothek zur Verfügung stellte. Im letzten Jahr seines Frankfurter Aufenthaltes (1788) machte Heidenheim in Frankfurt die Bekanntschaft von Salomon Dubno, dem Mitarbeiter der Mendelssohnschen Bibelübersetzung, mit dem er viele Jahre in Verbindung blieb. Heidenheim, der in dieser Zeit in Frankfurt das Leben eines stillen, armen, selbstlosen jüdischen Privatgelehrten geführt hatte, heiratete im Jahre 1788 die Tochter des Götz Anschel aus Wetzlar und siedelte nach Offenbach über.

Die Offenbacher Zeit wurde für das weitere Leben von Heidenheim schicksalbestimmend. Er gründete dort sein Heim und ergriff den Beruf eines hebräischen Verlegers und Buchdruckers (in welcher Verbindung er mit der damals in Offenbach bestehenden Druckerei des Hirsch Spitz stand, ist unbekannt). In Offenbach begann Heidenheim seine verlegerische Tätigkeit mit der Herausgabe von grammatischen Schriften und Kommentaren, welche ihm zwar den Ruhm einer Koryphäe der jüdisch-grammatischen Tätigkeit eintrug, geschäftlich aber erfolglos blieb. Die Herausgabe eines Bibelkommentars — großartig ohne das Scheuen von Kosten angelegt — begann im Jahre 1798 in Offenbach, gedieh aber nur bis zum 43. Kapitel der Genesis und mußte bald aus finanziellen Gründen abgebrochen werden.

Diese Kommentare waren ein Meisterwerk, „ohne sie tappt der Erklärer im Dunkeln, wie ein Blinder in der Dunkelheit". Überhaupt stützten sich seine Kommentare nicht nur auf die gesamte jüdische Literatur, auf nichtjüdische Werke und Reisebeschreibungen, sondern auch viele Referenzen in lateinischer, griechischer und französischer Sprache wurden mit herangezogen. Sein umfassendes Wissen ließ ihn in seinen Kommentaren die Erkenntnis von Aristoteles, Plinius, Strabo, Galenus und Philo einbauen. Sie zeigten ein umfassendes Wissen auf den mannigfachen Gebieten der Religionsphilosophie, der Geschichte und der liturgischen Poesie. Die Schwäche Heidenheims — der eine stille Gelehrtennatur war — bestand in seiner geschäftlichen Unerfahrenheit, und hier kam ihm Wolf Breidenbach aus Offenbach, den Heidenheim schon in Frankfurt kennengelernt hatte, als Mäzen zu Hilfe.

Wolf Breidenbach — ein um die deutschen Juden hochverdienter Mann — gelangte durch Klugheit und Ehrlichkeit zu großem Reichtum und bei den mitteldeutschen und süddeutschen Fürstenhäusern zu großem Einfluß. Breidenbach kam als Kind armer Juden am 10. Januar 1751 in Breitenbach am Habichtswald in Kurhessen auf die Welt und starb 1829 in Offenbach als „Fürstlich Isenburgischer Rath"; er war in Offenbach Hofbankier der Fürsten Isenburg-Birstein seit 1791. Breidenbach gelang es, in vielen deutschen Kleinstaaten, den für Juden schmählichen Leibzoll abzuschaffen — zuerst in Offenbach am 23. September 1803, später am 15. Oktober 1803 auch in Solms-Rödelheim (übrigens in Frankfurt auch auf Breidenbachs Initiative am 24. August 1804).

Breidenbach war zeit seines Lebens ein orthodoxer Jude, und so unterstützte er Heidenheim in seiner literarischen Arbeit nicht nur durch bedeutende pekuniäre Beihilfe, sondern auch durch wissenschaftlichen Rat. Später zollte ihm Wolf Heidenheim dafür seinen Dank, indem er in seinem jüdischen Festtags-Gebetbuch — diesen wie folgt pries: „Der mächtig weise Mann, der hochangesehene Wolf Breidenbach, der ruhmvolle, der viel Gutes getan und bewirkt für das Haus Israel, der Mann, der mit aller Kraft sich gemüht hat, um die Schmach des Leibzolls, der seit vielen Jahrhunderten alle unsere Schritte einengte,

Wolf (Benjamin) Heidenheim
(1757-1832). Seit 1782 in Rödelheim ansässig. Hebräischer Grammatiker, Buchdrucker und Verleger. Herausgeber der „Rödelheimer Gebetbücher“ Auf dem alten jüdischen Friedhof in Rödelheim beerdigt.

Der 1968 renovierte Grabstein des letzten der israelitischen Veteranen
aus den Freiheitskämpfen von 1814-1815
auf dem jüdischen Friedhof Rat-Beil-Straße.

von uns zu nehmen . . . Das ist der edle Mann, dessen Hand mich unterstützte." Die „Heilige Bruderschaft" pries ihn an seinem Todestage als „den hochstehenden und in seiner Zeit berühmten Mann".

Sein Grabmal und das seiner zweiten Frau Marianne, geb. Israel, gest. 1827 (er war dreimal verheiratet), befindet sich heute noch gut erhalten in dem jüdischen Sektor des Städtischen Friedhofes in Offenbach. Die Söhne aus dieser Ehe waren hohe Beamte im hessischen Staatsdienst, sie traten nach dem Tod ihres Vaters zum protestantischen Glauben über.

Nachkommen Wolf Breidenbach wurden geadelt, und es ergaben sich viele verwandtschaftliche Querverbindungen mit dem deutschen Hochadel. Namen wie von Gunderrode, von Lersner, von Schwerin usw. sind in dem Stammbaum auch der Nachkommen Breidenbachs zu finden.

Durch diesen Wolf Breidenbach kam Wolf Heidenheim in geschäftliche Verbindung mit dem geschäftstüchtigen und praktischen Baruch Baschwitz (geb. in Frankfurt a. d. Oder), der in Berlin und Holland die Buchdruckerkunst erlernt hatte. Diese beiden entschlossen sich zur gemeinsamen Arbeit, im Jahre 1799 schritten sie zur Errichtung einer großen Druckerei in dem kleinen Rödelheim auf Grund der von dem Grafen von Vollrath erteilten Konzession, womit die historisch gewordene „Offizin von Heidenheim" mit ihrer weltweiten Aktivität begann.

Noch vor dieser Zeit erschien 1795 aus der Hand von Heidenheim die Offenbach Ode, ein „Lobgedicht in orientalischer (das heißt hebräischer) und deutscher Sprache“ zu Ehren des Landesfürsten von Isenburg und des Erbprinzen anläßlich dessen Vermählung mit der Gräfin zu Erbach-Erbach am 3. Dezember 1795 bei deren Einzuge in Offenbach.

Einem Zircular des Vorstandes der Offenbacher jüdischen Gemeinde an ihre wohlhabenden Mitglieder mit der Aufforderung, Geldbeträge für ein Hochzeitsgeschenk an den Erbprinzen zu spenden, war diese Ode Heidenheims beigefügt. Die Ode ist zweisprachig abgefaßt. In ihr heißt es: „Preist den Herrn Ihr Söhne Isenburg, lobt ihn hoch, Bewohner Offenbachs“, und die Ode fragt: „Wer gründete Offenbachs blühenden Wohlstand?“, und sie klingt aus in dem Dankruf: „Der Ewige segne Dein Volk mit Friede, dann wird Offenbach fröhlich seyn“, nachdem vorher der Kriegsruhm des Isenburgers besungen wurde „Weiß der Türke doch um Deine Tapferkeit, Dort zogst Du aus zum Wohl deutscher Völker.“

Diese Oden zeigen eine bestimmte Seite der Heidenheimschen Fähigkeiten, die ihm die Reputation eines „jüdischen Klopstock“ eingetragen haben. Im Jahre 1803 veröffentlichte in hebräischer Sprache Heidenheim in Rödelheim einen Aufruf an die Juden zu den Ausgaben, welche die Erwirkung der Abschaffung des Leibzolls verursacht, beizutragen. Übrigens ist die Aufhebung des Leibzolls in Rödelheim „auch dem Buchdrucker und Verleger Wolf Heidenheim zu verdanken".

Auch dem um die Emanzipation der Juden in Frankfurt verdienten Fürstprimas Karl von Dalberg widmete Heidenheim eine „Vision Zions" betitelte Ode im Jahre 1803, die in einem Briefe von Bettina Brentano an Goethe als „besonders ausgezeichnet" bewertet worden ist.

Eine Ode an Napoleon aus dem Jahre 1807 (nicht 1804, wie man fälschlich gelegentlich berichtet) in hebräischer Sprache und in das Französische übersetzt, soll zwar von Wolf Heidenheim in Rödelheim herausgegeben und gedruckt, aber nicht von ihm verfaßt worden sein. Als Verfasser wird Lippmann Moses Büschenthal angenommen. Ein Abdruck dieser Ode, die 16 Strophen mit je vier Zeilen enthält, erinnert durchaus an den Heidenheimschen Stil. Die Ode „adressée à sa Majesté Napoleon à son passage par cette ville" ist im Gemeindeblatt der Israelitischen Gemeinde Frankfurt im Dezember 1927 auszugsweise abgedruckt worden, als sie von Baronin Edmond de Rothschild in Paris der Israelitischen Gemeinde in Frankfurt zum Geschenk gemacht wurde. Es handelte sich vermutlich dabei um das dem Kaiser selbst überreichte Originalexemplar, denn sie ist in grünem Samt gebunden und trägt reiche Goldstickerei. In ihr wird Napoleon dafür gedankt, daß er den „Rest Israels aus dem Staube erhoben habe". Wolf Heidenheim war eng befreundet mit dem Frankfurter lutherischen Theologen, dem Senior G. F. Hufnagel, den seine positive Beziehung zu Aufklärung und Humanität veranlaßte, maßgeblich bei der Gründung der Musterschule und in gewissem Umfange auch bei der Eröffnung des Philanthropins förderlich zu sein. Hufnagel, der ein bedeutender Hebräist war, übersetzte den ersten Gesang der „Mosaide" des hebräischen Schriftstellers und Dichters H. Wessely (1725-1805). Dieser war ein bedeutender Vertreter der Aufklärung und auch eine markante Erscheinung des Mendelssohnschen Kreises, an der Mendelssohnschen Bibelübersetzung arbeitete er mit. Als Wessely starb, würdigte Hufnagel dessen „Mosaide" (Moses-Epos) in den „Blumen auf dem Grab des Verstorbenen H. Wessely Hamburg 1805" und übersetzte auch dessen hebräische Elegie auf den Tod des Herzogs Leopold von Braunschweig.

Als Ende 1822 Hufnagel, der ein eifriger Förderer der Emanzipation der Juden war, dem Vorstand der Israelitischen Gemeinde in Frankfurt in einem hebräischen Schreiben mitteilte, daß er in den Ruhestand trete und bei dieser Gelegenheit seine Dankbarkeit für die ihm erwiesenen Aufmerksamkeiten ausdrückte und seine Wünsche für das Gedeihen der Israelitischen Gemeinde aussprach, war eine hebräische Ode Heidenheims an Hufnagel die Antwort:

Diese Ode galt als ein „Meisterstück der hebräischen Stilistik“ und befand sich früher im Archiv der Frankfurter Gemeinde (heute unbekannt wo). Dieses Lobgedicht hatte den Senior so entzückt, daß er damals darauf bestand, den Namen des Verfassers zu erfahren, und er sandte dann ihm zum Danke eines seiner Werke. Übrigens muß in diesem Zusammenhang erwähnt werden, daß vor der Gründung des „Philanthropin“ Wolf Heidenheim als Leiter der damals geplanten „Carlsschule“ (Carl von Dalberg) ausersehen war.

Die Bedeutung Heidenheims lag jedoch keineswegs in seinen Dichtungen, sondern in seiner Rödelheimer Tätigkeit als Verleger, Drucker und Wissenschaftler.

In den Jahren 1800 und 1802 erschien in Rödelheim die neunbändige Ausgabe der „Festtagsgebete für Israeliten“ („Machsor“), zuerst mit deutscher Übersetzung in hebräischen Lettern, welche nach dem Urteil eines der berufensten Vertreter der jüdischen Wissenschaft (Steinschneider) „geschmackvoll, correct und mit rein deutscher Übersetzung versehen, in dieser ritualen Literatur eine neue Epoche begründeten“.

Diese Ausgaben waren drucktechnisch hervorragend, die deutsche Übersetzung sinngemäß sprachvollendet und die mittelalterlichen synagogal-religiösen Dichtungen (Pijutim) erstmalig seit Jahrhunderten wieder stilistisch und ästhetisch reproduziert, im Text gereinigt und mit Erklärungen versehen. In seinen Forschungen über die Geschichte der mittelalterlichen Dichter (Pijutim) galt Heidenheim als bahnbrechend. Die Resonanz dieser Ausgaben, welche sofort sechs Auflagen erlebten, war weltweit und außerordentlich günstig, und der bedeutende jüdische Gelehrte Leopold Zunz nannte Wolf Heidenheim den „Mendelssohn des Machsor". Abraham Geiger rühmte die rein deutsche fließende Übersetzung dieser Machsorausgabe, welche übrigens auch von bedeutendsten Rabbinern der alttraditionellen Richtung (Frankfurt, Hanau, London usw) wärmstens empfohlen wurden.

Ein indirektes „Kompliment" für Heidenheim wenn auch geschäftsschädigend, war es, daß in den verschiedensten Teilen der Welt Plagiate dieser Ausgabe erschienen. Ein derartiger Versuch des unautorisierten Nachdruckes wurde auch in Frankfurt, damals von dem Papier- und Schreibwarenhändler und Verleger Lemle Lazarus Geiger, einem Onkel des bekannten Frankfurter Rabbiners Dr. Abraham Geiger übrigens, unternommen, worauf der Frankfurter Oberrabbiner Pinchas Horovitz im Jahre 1805 in allen Synagogen verkünden ließ, daß besagter Geiger dem Bann verfalle und der Nachdruck innerhalb der ersten 25 Jahre geschützt sei. In Frankfurt unterblieb nun das Plagiat, an anderen Orten (Wien,

Dyhernfurth, Lissa) konnte das jedoch nicht verhindert werden. Das brachte Wolf Heidenheim in gewisse Schwierigkeiten und brachte ihn zu einem Teile um die Früchte seiner mühevollen und kostspieligen Arbeit. Wegen der eingetretenen Schwierigkeiten überließ ihm Baschwitz im Jahre 1806 seinen Anteil am Geschäft und schied aus.

Dieser Baruch Baschwitz war übrigens ein Finanzgenie, der als Initiator der niedrig verzinslichen Lotterie-Anleihe und vieler Finanzpläne international bekannt geworden ist; ihm ist aber im geldlichen nicht der erwartete Erfolg zuteil geworden. Er war von vielen Staatsmännern Europas geschätzt und wurde im Jahre 1833 auch von Kaiser Nikolaus I. von Rußland empfangen. Im Jahre 1836 starb er in Rödelheim und liegt dort ebenfalls — vergessen — auf dem alten jüdischen Friedhof in Rödelheim begraben.

Verlegerische Erfolge

Heidenheims Aktivität begann jetzt erst richtig. Nach verschiedenen Werken der jüdischen Wissenschaft auf dem Gebiet der Religionsphilosophie, der mittelalterlichen Astronomie, der Naturgeschichte und der Poesie und Grammatik, brachte er im Jahre 1806 ein tägliches Gebetbuch unter dem Titel „Ssafa Brurah“ („klare Sprache“) heraus, „damit der Israelit in reiner Sprache (sich) seinem Gotte nahen“ (sollte). Das war ein Erfolg, aber noch größer war die verlegerische Verbreitung des kleinen Gebetbuches „Sefath Emeth“ (Sprache der Wahrheit), das bis 1932 mehr als 155 Auflagen erlebt hatte und heute noch fast überall als „Rödelheimer Tefilleh“ (Teffillah = Gebet) in der jüdischen Welt in Gebrauch ist (wenn auch seit der Hitlerzeit in New York und Basel ediert). Typisch für alle diese Ausgaben ist die charakteristische hebräische Signatur „Benjamin Wolf Ben Simson aus Heidenheim“ mit dem „Kranz“ und der Herkunftsbezeichnung „Rödelheim“. Der Pentateuch, dessen vollständige Ausgabe 1789 an der Unzulänglichkeit der äußeren Mittel scheitern mußte, erschien 1818 in vierfacher Gestalt und einer meisterhaften Edition. Über diese sagte Jost in seiner „Geschichte der Israeliten“, „daß seine Verdienste um Correctheit der Bibelausgaben unschätzbar (sind)“. In dieser Zeit erhielt Heidenheim in der repräsentativen hebräischen Zeitschrift „Hameassef“ das Prädikat als „der erste Klassiker der jüdischen Literatur“.

Wie Mendelssohn nahm Wolf Heidenheim an den Emanzipationsbestrebungen der deutschen Juden lebhaften Anteil. Seine literarische Tätigkeit war sehr produktiv, sie bestand auch aus zahlreichen Beiträgen zu den Werken anderer und aus vielen hinterlassenen nur handschriftlich vorliegenden Monographien und poetischen Versuchen. Eine exakte Klarheit über diese Produktion besteht nicht. Man weiß, daß nach dem Tod Heidenheims ein Katalog zusammengestellt wurde, der 800 Bücher und 72 Handschriften umfaßte, wobei als von Heidenheim selbst verfaßt nur — 12 — angegeben wurden. Das ist bestimmt falsch, da später zusätzlich noch zwölf weitere Werke Heidenheims festgestellt wurden. Der Nachlaß wurde besitzmäßig zersplittert, ein großer Teil ging an die (Bodleijana) Universitätsbibliothek nach Oxford, wo er bisher wissenschaftlich noch nicht ausgewertet worden ist; andere wesentliche Teile in Privatbesitz sind im Gefolge der Hitlerzeit verschwunden.

Die letzten Jahre

In Rödelheim verlor er seine erste Frau — die Tochter eines jüdischen Bürgers aus Wetzlar (Götz Anschel) und heiratete im fortgeschrittenen Alter (am 7. September 1824) also im 67. Lebensjahr noch einmal. Über diese zweite Frau wußte man bisher nicht sehr viel mehr, als daß sie gemäß einer im Jahre 1903 in Warschau entdeckten Heiratsurkunde (heute verschwunden) Treinle mit Vornamen hieß und ihr Vater den Vornamen „Josef" hatte. Aus dieser Ehe stammte eine Tochter — das spätgeborene einzige Kind Heidenheims — und in Frankfurter Archivakten des Jahres 1852 ist vermerkt (was jetzt festgestellt wurde), daß der Name deren Mutter exakt Helena, geborene Dreinle (auch das Rödelheimer Geburtsregister der Israeliten erwähnt Helena Dreinle) ist. Mehr ist bisher über die beiden Frauen des Wolf Heidenheim noch nicht bekannt geworden.

Kurz nach seiner zweiten Heirat im Jahre 1825 kam in Rödelheim die Heidenheimsche Ausgabe der Psalmen heraus, die von der „Allgemeinen Deutschen Biographie" mit der dieser angefügten Abhandlung über die „poetische Accente" als von „besonderer Wichtigkeit" bezeichnet wird.

Bis zu seinem Lebensende arbeitete und editierte Heidenheim, der mit den maßgebenden Männern des jüdischen Geistes in seiner Zeit — auch vielen christlichen Gelehrten — in reger Verbindung stand. In seinen alten Jahren war Rödelheim zu dem Wallfahrtsort der vielen Frankfurter christlichen und jüdischen Freunde Heidenheims geworden, die diesen Nestor besuchten und ihm dort huldigten und verehrten; darunter war auch an Schabbat und Festtagen oft der jugendliche Abraham Geiger, wenn er nach dem nahen Rödelheim wanderte.

Mitten in der aktivsten Arbeit starb er am 23. Februar 1832 in Rödelheim. Die Beerdigung am 26. Februar 1832 war für Rödelheim ein lokales Ereignis, eine außerordentlich große Menschenmenge ohne Unterschied des religiösen Bekenntnisses gab dem Toten die letzte Ehre. Die Ortsbehörden waren bei den Leichenfeiern vertreten und sogar der Sonntags-Kirchendienst wurde auf eine spätere Stunde verschoben; in Frankfurt waren — wie die Frankfurter Postzeitung berichtete — die jüdischen Schulen geschlossen. Unter denjenigen, welche Reden am offenen Grab hielten, befand sich der Lehrer des Philanthropins, der bedeutende Dr. Michael Creizenach, der Führer der Frankfurter liberal-jüdischen Reformbewegung. Es war Creizenachs Einfluß, der Heidenheim bestimmte, in der Gebetbuchausgabe seit dem Jahre 1831 die deutsche Übersetzung in deutschen Lettern zu bringen. Das mag wohl der Grund dafür sein, daß in den Berichten über Heidenheims Beerdigung nichts über eine Beteiligung des Frankfurter Rabbinats zu lesen ist.

Heidenheim starb arm; die Druckerei kaufte sein Freund Israel Lehrberger, der schon in den letzten Jahren Teilhaber des Heidenheimschen Unternehmens geworden war. Er erhielt die Druckerei auf der alten Höhe; später übernahmen dessen Söhne Isaac und Meyer Lehrberger das Geschäft, Meyer Lehrberger war Vorsitzender der Rödelheimer Stadtverordnetenversammlung und auch der dortigen israelitischen Gemeinde. Nach vorübergehender Separation der beiden Inhaber und der Druckerei von dem Verlag und einer neuen Firmierung der Druckerei als Firma M. Lehrberger & Co (der Verlag firmierte damals S. Lehrberger & Co.) wurde erst nach

Weiterverkauf der Druckerei im Jahre 1901 an den Rödelheimer Verlagsbuchhändler Ignatz Kauffman (Lorscher Straße 3) die beiden Geschäftszweige später (im Jahre 1912) wieder vereinigt. Chef dieses wiedervereinigten Unternehmens war der hier sicher noch bekannte Dr. phil. Felix Kauffmann, der das Unternehmen (Schillerstraße 19) zu erneut großer Blüte brachte. Dem Dr. Kauffmann — einem geborenen Frankfurter —, der Vorsitzender des Reichsbundes jüdischer Frontsoldaten war, gelang noch im Mai 1941 über Portugal die Auswanderung nach den USA, wo er im Jahre 1953 starb.

Über die geschäftliche Situation der Heidenheimschen Druckerei liegen Zirkulare aus dem Jahre 1832 vor, aus denen sich ergibt, daß der gesetzliche Vormund A. Lehmann und der Geschäftsführer Max Hirsch, der 30 Jahre bei Heidenheim tätig war, erst die Absicht hatten, das Unternehmen provisorisch zum Vorteil seines minderjährigen Kindes fortzutreiben (die zweite Frau Heidenheims war offenbar schon tot), was sich aber nicht durchführen ließ.

Heidenheims Nachkommen

Heidenheims einziges Kind aus zweiter Ehe, geboren am 26. Juli 1825, wohnte bis zu ihrer Verheiratung in Rödelheim. Sie hieß Röschen und heiratete im Jahre 1852 den „Handelsmann" Beer Schames aus Frankfurt, einen Großneffen ihres väterlichen gelehrten Freundes Seligman Schames.

In den Archivakten der Freien Reichsstadt findet sich der Antrag von Beer Schames vom 13. Juli 1852 an den Hohen Senat „betreffend Aufnahme meiner Verlobten Jungfrau Röschen Heidenheim bei Vollziehung der Ehe mit mir", ihr das „Bürgerrecht huldvollst zu ertheilen".

Gemäß Rathsbeschluß wird dem Beer Schames, geboren am 25. Mai 1802 dahier, Sohn von Josef Hirsch Schames und Sara geborene Landau, bedeutet, über die Vermögenslage seiner Verlobten Auskunft zu erteilen. Rosa Heidenheim, die Tochter von Wolf Heidenheim, weist daraufhin ein Vermögen von 3000 Gulden nach, welche offenbar der Rest dessen sind, was bei der Versteigerung der Heidenheimischen Bibliothek am 22. Juli 1832 herauskam. Am 24. November 1852 wurde der Braut die Entlassung aus Rödelheim durch den großherzoglich hessischen Kreisrat in Vilbel erteilt; schon vorher hatte am 10. November 1852 die Trauung von Rosa Heidenheim stattgefunden. Aus dieser Ehe wurde am 10. August 1856 das einzige Enkelkind Heidenheims, Josef Hirsch Schames geboren.

Die erste Ehe war für Rosa Heidenheim von kurzer Dauer. Ihr erster Mann starb, und sie heiratete in zweiter Ehe den holländischen Juden Isaac Symons, der seit dem 16. Juni 1853 in Frankfurt „Permission“ hatte. Auch darüber gibt es sehr bemerkenswerte Dokumente im Stadtarchiv.

Isaac Symons aus Arnheim (Holland) beantragte am 6. Mai 1856 bei dem Senat die Erteilung des Bürgerrechtes bei Ehelichung der Witwe Rosa Schames geborene Heidenheim und gibt Details über seine Abstammung (offenbar spaniolischer Herkunft) und über seine Vermögenslage (2000 Gulden) an.

Am 17. Mai 1865 erklärte der Vorstand der Israelitischen Gemeinde in Frankfurt seine Bereitschaft, den Isaac Symons als Mitglied aufzunehmen; das geschieht am 24. Mai 1865 mit einem „Anzugsgeld“ von 200 fl.

Vorher hatte der Senat der Stadt Frankfurt von Symons verlangt, die Bestätigung seiner Entlassung aus Holland beizubringen. Am 29. Mai 1865 erklärte die „Legation Royale des Pays Bas“ in Frankfurt, daß es für jüdische Bürger in Holland keine Ausnahmestellung gäbe und daher auch keine Auswanderungsscheine. Isaac Symons heiratete, wurde Frankfurter Bürger mit dem Wohnsitz: Schöne Aussicht Nr. 17. Am 2. Mai 1865 wird ihm vom Kriegs-Zeug-Amt der Stadt Frankfurt bestätigt, daß er bei dem II. Bataillon Infanterie der Frankfurter Stadtwehr eingeteilt sei. Auch diese Ehe war für Rosa Heidenheim kurzlebig, denn im Adreßbuch von 1868/69 erscheint sie schon als Rosa Symons, Witwe und Rentnerin, wohnhaft Schöne Aussicht 17. Röschen Heidenheim starb in jungen Jahren am 6. November 1875 im Alter von 50 Jahren. Ihr Sohn, der Enkel Heidenheims, überlebte sie nicht lange. Josef Hirsch Schames nahm sich, 20 Jahre alt, am 20. Januar 1876 das Leben aus Verzweiflung über den Tod seiner Mutter. Es existieren also seit 1876 weder in Frankfurt noch anderwärts Nachkommen des großen Gelehrten Wolf Heidenheim.

In Rödelheim erinnert außer dem Grabstein noch das etwa 300 Jahre alte Patrizierhaus Rödelheimer Landstraße 170-172 an Wolf Heidenheim, an die Stätte, wo er wohnte, lernte und seine Druckerei betrieb. Seit dem 5. 9. 1966 gibt es auch eine Wolf-Heidenheim-Straße. Sein Name ist heute noch in Europa, Amerika und Israel mit dem Ort „Rödelheim“ verbunden; wobei diejenigen, welche von der „Rödelheimer Tiffilah“ oder dem „Rödelheimer Machsor“ sprechen, meistens nicht wissen, wo der Ort ist, der so erwähnt wird.

Bei der kürzlich durch die Stadt Frankfurt veranlaßten Neuausgabe der angeblich Ludwig Börne zugeschriebenen „actenmäßigen Darstellung des Bürgerrechtes des Israeliten zu Frankfurt am Main“, findet sich allerdings ein unbeabsichtigtes „Mahnmal“ an ihn durch die Imprimatur „Gedruckt bei W. Heidenheim in Rödelheim 1816“.

Im Nekrolog, der über Wolf Heidenheim am 24. Februar 1832 in der Frankfurter Ober-Postamts-Zeitung erschien, heißt es wörtlich.

„(er war) ein Mann, der gewiß
einzig in seiner Art dastand.“

Stein des Anstoßes

Das Heinrich-Heine-Denkmal

Etwas abgelegen in der Taunusanlage — gegenüber der Niddastraße — steht das Heinrich-Heine-Denkmal, eine Schöpfung des Berliner Bildhauers Georg Kolbe. Auf einem Sockel erhebt sich eine Bronzegruppe: ein halb sitzendes, halb liegendes junges Mädchen und dahinter ein schreitender Jüngling. An der Sockelfront befindet sich das Reliefbildnis des Dichters. Die zierliche Bronzefigur soll Heines poetisches Schaffen, den Rhythmus seiner Sprache und seine Gedankenwelt versinnbildlichen. Ursprünglich stand das Denkmal, vom 13. Dezember 1913 an, in der Friedberger Anlage, nahe der Zeil, am Uhrtürmchen. Während der Herrschaft der Nationalsozialisten mußte es seinen Platz wechseln. Erst nach dem Zweiten Weltkrieg — 1947 — wurde das Heine Denkmal in der Taunusanlage aufgestellt.

Jahrzehntelang hat es in Frankfurt wegen der Errichtung dieses Monumentes — es war das erste öffentliche Denkmal für Heine in Deutschland — schärfste Auseinandersetzungen gegeben, die bis zum Ende des Dritten Reiches dauerten. Typisch für die Frühzeit dieser Kampagne ist der Kommentar einer Zeitung aus Halle an der Saale aus dem Jahre 1914. Darin heißt es: „Frankfurt am Main, die alte Krönungsstadt römischer Kaiser deutscher Nation, wird längst nur mehr in statistischem Sinne als deutsche Stadt gerechnet. Sonst gilt sie als neues Jerusalem ... Es ist deshalb am Ende nicht verwunderlich, daß man sich in Frankfurt der Art des Dichters Heinrich Heine besonders nahe verwandt fühlt und daß man dort die Ehrenpflicht übernahm, dem überall Gemiedenen, dem Verunehrer deutschen Wesens, dem Wüstling und Erpresser ein Denkmal auf staatsdeutscher Erde zu setzen ... Das Heine-Denkmal wurzelt in denselben Motiven, die den Frankfurter Universitätsplan entstehen und reifen ließen. Das Judentum wollte ein sichtbares Hoheitszeichen seiner Macht aufrichten." Das war der Tenor einer Propaganda, wie sie zu jener Zeit in ganz Deutschland als „national" etikettiert wurde.

Die Hetze ging in der Zeit der Weimarer Republik weiter. In einem Brief, den das Mitglied der städtischen Kunstkommission, der Mäzen Julius Heymann, am 13. Dezember 1923 an den Oberbürgermeister Dr. Voigt schrieb, wird berichtet, daß „vor ungefähr einer Woche“ das Heine-Denkmal durch ein Hakenkreuz besudelt worden sei, das den Vorübergehenden weithin entgegenleuchtete.

Das so geschmähte Denkmal stand noch nicht zwanzig Jahre, als es am 27. April 1933 gewaltsam von dem Steinsockel gestürzt und dabei beschädigt wurde. Dieser Akt des „Volkszorns“ hatte möglicherweise mit einem Brief des Professors Dr. Werner aus Gießen zu tun, der am 20. April 1933 vom damaligen Oberbürgermeister Dr. Krebs die Beseitigung des Heine-Denkmals gefordert hatte. Nach der Beschädigung wurde das Heine-Denkmal ganz von seinem Platz entfernt und vorläufig im Völkermuseum aufgestellt.

In einem Brief, den er am 22. Mai 1933 an den Oberbürgermeister Dr. Krebs zu richten für gut fand, empfahl Dr. h. c. Rudolf Binding, die Gruppe — von einem Denkmal ist nicht mehr die Rede — „dem Anblick der Öffentlichkeit“ völlig zu entziehen, was dann „einem guten Zweck gedient haben wird“. Am 12. Juni 1933 wurde der Vorschlag Bindings von der Stadt abgelehnt. Bei den Akten befindet sich ein Brief vom 2. Mai 1933, in dem Herr Wilhelm Henrich den Oberbürgermeister gefragt hatte, „ob eine Möglichkeit besteht, das in Schutzhaft genommene Heine-Denkmal zu erwerben“. In seiner Stellungnahme an den Oberbürgermeister hatte sich das Stadtbauamt am 20. Mai 1933 beeilt, anzuregen: „Das Heine-Denkmal — ohne Beziehung zu Heine, die es ja auch gar nicht hat — sei im Garten des Städels an geeigneter Stelle auf einem Sockel aufzustellen." Das geschah dann auch, und der Sockel erhielt eine Miniaturplakette mit der verschämten Inschrift: „G. Kolbe — Frühlingslied". In dem Garten stand das Denkmal bis zum Jahre 1947.

Der Kampf um das Heine-Denkmal in Frankfurt war ein Politikum, dessen Hintergründe weit über die Frankfurter lokale Szene hinausgehen. Heine war zeit seines Lebens umstritten, und er war es noch mehr nach seinem Tode im Jahre 1856. In „Ecce-Homo" gestand Friedrich Nietzsche, was ihm den höchsten Begriff vom Lyriker Heinrich Heine gegeben habe: „Ich suche umsonst in allen Reichen der Jahrtausende nach einer gleich süßen und leidenschaftlichen Musik. Er besaß jene göttliche Bosheit, ohne die ich mir das Vollkommene nicht zu denken vermag ... Und wie er das Deutsche handhabt ..." Der Jude Berthold Auerbach hinwiederum nannte Heine einen „Gesinnungslumpen". Und so gab es während der letzten 100 Jahre einen Partisanenkrieg zwischen denjenigen, die in Heine den charakterlosen Volksverräter und denjenigen, die in Heine den genialen seherischen Dichter und deutschen Patrioten sahen. Vielleicht das Klügste über Heine hat im Mai 1893 Maximilian Harden in „Der Zukunft" gesagt, wenn er es für ein

Unrecht hält, „aus Heine den Prügeljungen für Anschauungen zu machen, die viel mehr in der Zeit als in seiner Persönlichkeit wurzeln".

Hinzu kam die Hetze gegen Heine als Charakter. Man schnüffelte in seinem Leben herum. Man lehnte in dem Kampf um das Denkmal erst den Politiker Heine ab, um dann den Menschen Heine in den Schmutz zu ziehen. All das hat sehr viel mit der jüdischen Abstammung Heines und dem Chauvinismus der Zeit nach den Freiheitskriegen, der selbstverständlich antisemitisch war, zu tun. Zwar wurde von den Heine-Gegnern zynisch manchmal bestritten, daß sich ihre Gegnerschaft aus „Judenfeindschaft" erkläre. Nichts sei verkehrter als das, „denn die Antisemiten haben alle Ursache, mit Heine darin zufrieden zu sein, denn er selbst wäre ein ausgesprochener Judenfeind".

Tatsache ist, daß Heine mit beißender Ironie sich gegen alles kritisch äußerte; also auch gegen das bei den Juden Schlechte. Seine Beziehung zum Judentum war zwielichtig. Nichtsdestoweniger ist es unbestreitbar, daß die Antisemiten in der ersten Front der Gegner eines Heine-Denkmals standen und dabei sehr wesentlich von „Judenfeindschaft" motiviert waren.

Maximilian Heine, Heines Bruder, der in Petersburg als Arzt in russischem Staatsdienst war, berichtet in seinen „Erinnerungen" aus dem Jahre 1868 interessant darüber, wie Heine selbst über so ein

Denkmal dachte. Hier die Unterhaltung der Brüder: „Auch ich bin sicher, daß ein Monument für dich in unserer Vaterstadt Düsseldorf nicht gar zu lange Zeit wird auf sich warten lassen." — „In Hamburg hab' ich schon eins", unterbrach mich mit satirischem Lächeln der Dichter. „Wo?" rief ich erstaunt. „Wenn du von dem Börsenplatz dich links hältst, so siehst du ein großes, schönes Haus, das dem Verleger meiner ‚Reisebilder', Herrn Julius Campe, gehört. Das ist ein prachtvolles Monument aus Stein in dankbarer Erinnerung an die vielen und großen Auflagen meines ‚Buches der Lieder'."

Wie er überhaupt über äußere Ehrungen dachte, sagte Heine in dem, was er über „Das projektierte Denkmal Goethes zu Frankfurt am Main" schrieb:

> Oh, laßt dem Dichter seinen Lorbeereifer,
> Ihr Handelsherren! Behaltet euer Geld.
> Ein Denkmal hat sich Goethe selbst gesetzt.
> In Windeln war er einst euch nah; doch jetzt
> trennt euch von Goethe eine ganze Welt.

Dies ist sehr aufschlußreich — auch wegen seiner wohl betont skeptischen Beziehung zum „Frankfurter Krämergeist", den Heine nicht liebte.

In dem Kampf um das Heine-Denkmal gab es in Deutschland keine Ruhe. In der Zeitschrift „Kunstwart", Nr. 17, 1888, nahm damals Ferdinand Avenarius, nachdem er sich über Heine geäußert hatte, ohne dessen Schwächen zu schonen, Stellung für ein Heine-Denkmal: Man lasse den Menschen Heine ruhen, der uns nichts angeht, den J.uden, der vielleicht mehr gewesen wäre, hätte er sein Judentum charaktervoller bewahrt, den Politiker, der einer vergangenen Zeit angehört. Man errichte dem Lyriker das Denkmal, das ihm unbedingt und unbestreitbar zusteht. In der „Zukunft" vom 5. Mai 1894 begeistert sich dagegen Maximilian Harden keineswegs für ein Heine-Denkmal: „Es sind in Stein und Bronze sicher schon häufig Männer verewigt worden, die solcher Ehre viel weniger würdig waren als Heine. Aber ... nachdem die Sache einmal zur Haupt- und Staatsaktion gemacht worden ist, wäre dem Dichter ein schlechter Dienst erwiesen, wenn man dem gegen ihn wühlenden Haß durch eine bronzene Herausforderung neue Nahrung gibt." Es sei töricht, wenn gutherzige Männer „nur dem Dichter" ein Monument errichten und so den reinen Lyriker aus seiner Persönlichkeit herausschälen wollten. „Heine ist anzunehmen oder zu verwerfen, so wie er ist. Aber da eine Einigkeit für Heine nicht aufzubringen ist" — so meinte damals Harden— sei er „heute jedenfalls noch kein Denkmalsheld".

In den Jahren 1892 und 1893 wurde in Deutschland zum ersten Mal der Versuch gemacht, dem Dichter ein Denkmal zu errichten. Der Versuch mißlang, keine deutsche Stadtverwaltung nahm das angebotene Monument an. Alle weigerten sich, an der Spitze

Heines Vaterstadt Düsseldorf. Die Kaiserin Elisabeth von Österreich war eine große Verehrerin Heinrich Heines und gab — als sie von dem Düsseldorfer Plan eines Heine-Denkmals erfuhr — ihre Absicht kund, der Stadt Düsseldorf ein solches zum Geschenk zu machen. Es gab eine öffentliche und ein anonyme Kampagne dagegen, so daß die Kaiserin mitteilte, sie müsse auf die Idee, dem Dichter in seinem Vaterland ein Denkmal zu setzen, verzichten. Der preußische Kultusminister griff ein und bestimmte, daß nicht das von der Kaiserin gewünschte Heine-Monument, sondern nur ein Brunnen mit dem Lorelei-Motiv aufgestellt werden dürfe. Der Magistrat bedeutete dann dem Denkmalausschuß, daß man auch den Heine-Brunnen lieber nicht wolle, denn auf dem städtischen Platze — den man seinerzeit für das Denkmal vorgesehen hatte — stehe jetzt ein Kriegerdenkmal, und in seiner Nähe könne sich doch unmöglich ein Heine-Denkmal befinden ...

Im Jahre 1908 verlagerte sich dann der Kampfplatz nach Frankfurt, wo es immer schon spezifische Beziehungen zu Heine gab. Es begann dies mit einer „buffo"-artigen Attacke. Danny Gürtler, der den alten Frankfurtern als „König der Bohème" noch sehr gut in Erinnerung ist, schrieb am 27. März 1908 aus Darmstadt an den Oberbürgermeister Dr. Adickes einen Brief, worin er der Stadt Frankfurt kostenfrei ein Heine-Denkmal anbietet, das er mit einem Kostenaufwand von 20 000 Mark bei dem Stuttgarter Bildhauer Professor Emil Kiemlin in Auftrag gegeben habe. Aus den Akten ergibt sich, daß man sich städtischerseits an die Städte Köln und Düsseldorf gewandt hat wegen des Angebotes des „hier in eigentümlichen Ansehen stehenden Varietékünstlers Danny Gürtler". Man erhielt dann von Köln einen Polizeibericht über einen Theaterskandal aus dem Jahre 1907. Aus Breslau ließ man sich melden, daß dort eine Haussuchung bei Gürtler nach „Heine-Postkarten und Hetären-Liederbüchern" stattgefunden habe und dem Gürtler ein Auftrittsverbot wegen „extemporierter, sozialistischer und religionsfeindlicher Ansprachen" auferlegt worden sei.

Paul Goebel intervenierte am 7. April 1908 bei der Stadt Frankfurt „im Namen Tausender Verehrer des Dichters Heinrich Heine". In einem Brief an die Redaktion der „Kleinen Presse" wurde als Platz des Denkmals die Ecke Grüneburgweg, Feldbergstraße, vorgeschlagen; die Redaktion machte einen Zusatz, ihren Zweifel ausdrückend, ob es sich bei Danny Gürtler nicht „um reine Reklamesucht" handeln könnte. Am 28. April 1908 lehnte die Stadt Frankfurt das Angebot Danny Gürtlers mit einem Briefe ab: „Für Ihre Absicht, der Stadt Frankfurt ein Heine-Denkmal schenken zu wollen, teilen wir ergebenst mit, daß wir nicht in der Lage sind, das Geschenk anzunehmen."

Die Frage des Heine-Denkmals in Frankfurt trat in ein seriöses Stadium, als am 24. Juni 1910 ein „Komitee" zur Errichtung eines Heine-Monumentes in Frankfurt sich erstmalig mit einem Brief an die Stadt wandte und — bezugnehmend auf die Unterredung des mitunterzeichneten Dr. L. Bruck — grundsätzlich um Bewilligung eines öffentlichen Platzes bat. Dieser Brief war unterzeichnet: Dr. L. Bruck, Dr. F. Rössler, Heinrich Flinsch, Dr. Carl Weichardt, Paul Fulda, Dr. G. Ziehen, Dr. Georg Swarzenski und Emil Claar. Schon nach vier Tagen erklärte die Stadt sich grundsätzlich einverstanden. Inzwischen hatte das Komitee über 20 000 Mark gesammelt; als Platz war das heutige „Liebigplätzchen" — damals Königsteiner Platz an der Liebigstraße — in Aussicht genommen. In den Stadtkanzleiakten des Jahres 1910 befinden sich Pressekommentare und Zuschriften, in denen von dem „Lumpencharakter" Heines die Rede ist und von dem Recht — da Frankfurt eine preußische Stadt ist — , bei der Regierung in Wiesbaden Einspruch zu erheben. „Heinrich Heine hat Preußen und alle seine Könige beschimpft, auf preußischem Boden ist kein Denkmal für ihn möglich." Gerade in Frankfurt, „wo Heine sich als unbrauchbarer Kaufmannslehrling erwiesen hat, ein öffentliches Denkmal zu erstreben sei rührend. Man würde ja in Deutschland den Frankfurtern das Heine-Denkmal als das erste gönnen, zumal, wenn es vor der Börse

Aufstellung finden könnte. Aber für diesen jüdischen Beschmutzer unseres Volkstums — keinen Fingerbreit deutscher Erde!"

In dieser überhitzten Atmosphäre fand am 14. Oktober eine Heine-Feier in Frankfurt statt, über welche wir durch eine Festgabe der „Freien Literarischen Gesellschaft" sehr gut informiert sind. Das Motto dieser Festgabe war eine Widmung Alfred Kerrs: „Er schrieb die ersten Lieder des dritten Jahrtausends." Weniger vorausschauend muten dagegen heute — nach den Erfahrungen des Dritten Reiches — die Kampflosungen der Heine-Gegner von damals an. Bevor der „Deutsche Verein" in Frankfurt am Main in Aktion trat, zeigte sich der „nationale" Geist schon in Protestzuschriften an den Oberbürgermeister Dr. Adickes. Da ist im Jahre 1911 die Rede von dem „Gesinnungslumpen", der sein Königshaus mit Spott und Hohn überschüttet habe, dem „am allerwenigsten in unserer Kaiserstadt ein Denkmal" gehöre. Der Schreiber war ein Wilhelm Bohrmann, der ein Jahr später in einem Brief an den Magistrat von Heine als dem „Mistfink im deutschen Dichterwald" sprach.

Wie die „Frankfurter Zeitung" am 15. Juni 1912 berichtete, begann mit einer Versammlung des Deutschen Vereins im Kompostellhof der Kampf der „Frankfurter Antisemiten" gegen den Plan eines Heine-Denkmals in Frankfurt. Das Thema des

Abends lautete: „Das Heine-Denkmal, ein Zeichen jüdischer Herrschaft". Referent: Reichstagsabgeordneter Dr. Werner aus Friedberg. Nach Werner war Heinrich Heine der Inbegriff von „Roheit, Niedertracht und Gemeinheit". In einem Brief vom 5. September 1912 wurde der Magistrat von dem Deutschen Verein zu einer weiteren Versammlung des Dr. Werner im Bürgersaal, Berger Straße 161, eingeladen, in der dieser am 13. September 1912 über das Thema: „Das Heine-Denkmal — eine Herausforderung des monarchischen und christlichen Deutschlands" sprechen werde. In dieser Versammlung wurde in einer Resolution der Magistrat gebeten, „dem jüdischen Beschimpfer der Hohenzollern, des Deutschtums und Christentums keinen öffentlichen Platz in Frankfurt gewähren zu wollen."

Inzwischen war aber von dem Komitee, das sich jetzt „Ausschuß für ein Heine-Denkmal" nannte, der Bildhauer Georg Kolbe schon mit der Ausführung des Denkmals beauftragt worden. Als geeigneter Aufstellungsort wurde die in dem stark jüdisch bevölkerten Ostend gelegene Friedberger Anlage gewählt. Am 13. Dezember 1913, Heines Geburtstag, wurde das Denkmal feierlich enthüllt. Die Festrede hielt Ludwig Fulda. Anwesend waren 2000 Menschen, Kränze wurden unter anderen vom Frankfurter Journalistenverein und vom Freien Hochstift niedergelegt. Die Ansprache des Oberbürgermeisters

Voigt war diplomatisch. Er wies auf die „gespaltene Persönlichkeit“ des Dichters hin, aber es sei nicht an uns, „zu richten, sondern zu verstehen“. Heines Nachtgedanken: „Denk’ ich an Deutschland in der Nacht“ zeigten, daß dieser „die Größe Deutschlands“ gesehen habe. In der Sockelplakette des Denkmals war nur auf den „Dichter“ Heinrich Heine hingewiesen.

Die Presse war damals voll von Betrachtungen über Heine. René Schickele widmete ihm in der „Frankfurter Zeitung“ ein Gedicht. Das Blatt beschwor die Unsterblichkeit Heines mit dem Hinweis auf den „Romanzero“. Was er schuf, war groß — „ich merke es an der Kleinheit der Zwerge, die davorstehen und schwindlig heraufblinzeln“. Im „General-Anzeiger“ erschien ein Gedicht von Emil Claar. Den heißen Punkt berührte Leopold Schwarzschild in seinem Kommentar in der „Kleinen Presse“, wo er über die enttäuschte Liebe Heines zu Deutschland schrieb und konzessionsbereit glossierte: „... den Dichter ehren, weniger schiert uns der Politiker“. Die für die Alt-Frankfurter repräsentative Bürgerzeitung „Die Sonne“ hatte Zivilcourage „Vom Samstagvormittag ab wird das leider nur dem — ‚Dichter‘ — des ‚Buches der Lieder‘ (warum nicht auch dem Politiker?) geweihte Heine-Denkmal ein Fait accompli und damit ein Zeugnis des fortschrittlich gesinnten Geistes der Frankfurter Bürgerschaft sein.“

Kurz zuvor, am 25. November, war die „Volksstimme“ mit einem anderen „Protest“ von „hw“ — offenbar Hermann Wendel — herausgekommen. Er ist heute beinahe klassisch zu lesen. Es war eine Polemik gegen den bürgerlichen Freisinn, der Heine nur als Poet und Dichter ehren wollte. „In wenigen Tagen hat Frankfurt sein Heine-Denkmal. Aber während dieselbe Stadt Wilhelm dem Ersten, der zeitlebens mit allen neun Musen auf Kriegsfuß stand, ein monumentales Reiterbild vor die Oper gesetzt und Bismarck, der auch mit Blut und Eisen mehr zu tun hatte als mit Sang und Klang, in protziger Erzgestalt vor das Schauspielhaus gestellt hat, wird einem der größten Dichter deutscher Zunge ein verschämtes Plätzchen in der Friedberger Anlage angewiesen. Auf der anderen Seite tun sich alle sozusagen liberalen Mannesseelen in Frankfurt eine besondere Güte an, weil als erste von allen deutschen Städten die unsere ein öffentliches Heine-Denkmal erhält, das nur ‚den Dichter Heine‘ ehren will ... Ein Schimpf, nicht eine Ehre widerfährt dem Schläfer von Montmartre mit der Aufstellung dieses Denksteins, der ihn kastriert wiedergibt.“

Das war also die Kehrseite der Polemik. Sie kann freilich nicht die Tatsache verwischen, daß Frankfurt Heine als erste Stadt mit einem öffentlichen Denkmal geehrt hat (das seit 1947 nun auch nicht mehr nur „dem Dichter“, sondern schlechthin dem Heinrich

Heine gewidmet ist). Warum gerade Frankfurt zuerst? Das hat nicht nur mit dem bürgerlichen Freisinn der „Kopsch, Wiemer, Fischbeck und Oeser“ (so titulierte Hermann Wendel den Frankfurter demokratischen Stil in seinem „Protest“) zu tun, sondern ebensoviel mit der besonderen Beziehung, die Heine gerade zu Frankfurt am Main hatte. Was er über diese Stadt zu sagen hatte, ist in seinem Essay über „Ludwig Börne“ (1840) nachzulesen. „Was wir in Norddeutschland Mauscheln nennen, ist nichts anderes als die eigentliche Frankfurter Landessprache, und sie wird von der unbeschnittenen Population ebenso vortrefflich gesprochen wie von der beschnittenen.“ In dem Essay ist weiter über die „Rothschilds“ zu lesen und über die Taufe, die „bei den reichen Juden an der Tagesordnung ist“. Auch in dem Fragment „Rabbi von Bacharach“ führt Heine seinen Leser in die „weltberühmte Freie Reichs- und Handelsstadt Frankfurt“.

Daß sich Heine in dem schon erwähnten Sonett über „das projektierte Denkmal Goethes“ dagegen nicht sehr wohlwollend über das Krämernest Frankfurt ausspricht, hat wohl mit seinem ersten Besuch in Frankfurt 1815 zu tun. Damals nahm ihn sein Vater zu einem Besuch der Frankfurter Messe mit, um ihn bei dem Bankier Rindskopf (später Rütten) als Volontär das Bankgeschäft erlernen zu lassen. Dort blieb der Achtzehnjährige nur drei Wochen in der

Bank, dann „studierte“ er vier Wochen in den Gewölben das Kolonialwarengeschäft, z. B. „wie Muskatnüsse aussehen“. Man testierte ihm aber nach kurzer Zeit, daß er kein „Talent zum Erwerb“ habe. Er habe, so wurde ihm vorgehalten, in den zwei Monaten seines Frankfurter Aufenthaltes „Traumbilder“ statt Rechnungen geschrieben. So kehrte er als „ungeratener Junge“ nach Düsseldorf zurück.

Erst im Jahre 1827 war Heine wieder — auf der Reise nach München — für einige Tage in Frankfurt. Bei seinem dritten und letzten Aufenthalt in Frankfurt am Main 1831 wohnte Heine einer Tafelrunde im „Gasthaus zum Schwan“, u. a. in der Gesellschaft des Komponisten Ferdinand Heller und des Verlegers Karl Löwenthal (später Löning) bei. Der Medizinalrat Dr. A. Clemens berichtet im Jahre 1856 über das damalige Zusammensein, bei dem auch ein Herr Sydow anwesend war, und überliefert ein Beispiel des schlagfertigen Heineschen Humors als Stegreifdichter. Wie es in dem Sydowschen Album zu lesen war, improvisierte Heine diese Verse:

Augen, die nicht ferne blicken
und auch nicht zur Liebe taugen,
aber ganz entsetzlich drücken —
sind des Sydow Hühneraugen.

Frankfurt hat Heine nach 1831 nie wieder gesehen. Den Heine-Forschern ist bekannt, daß Heine in ein Duell mit Salomon Strauß aus Frankfurt, dem

Gatten der von Heine beleidigten Freundin Börnes, Madame Wohl-Strauß (der Empfängerin der Börnerschen „Briefe aus Paris“) geriet. Diese leidige Affäre verbitterte viele Lebensjahre des Dichters. Sooft er sich seit jener Zeit irgendwo angegriffen sah, schob er dies auf die „Frankfurter Juden“. Die Erinnerung an all diese Ärgernisse mögen mit eine Rolle gespielt haben bei einer gelegentlichen Aversion Heines gegen Frankfurt. Heines Beziehung zu Frankfurt war die eines scharf kritischen und oft beleidigenden Sympathikers. Aber letzten Endes konnte diese Gespaltenheit der Gefühle, die sich aus der Persönlichkeit Heines erklärt, seine Liebe zu Frankfurt nicht ganz verdrängen. Man lese das in der „Erinnerung“ (Buch der Lieder) nach:

Frankfurt, du hegst viel Narren und Bösewichte,
Doch lieb' ich dich, du gabst dem deutschen Land
Manch' guten Kaiser und den besten Dichter,
Und bist die Stadt, wo ich die Holde fand.

Das Heine-Denkmal im Dritten Reich

Ergänzung aus einem Brief des Direktors der Städtischen Galerie, Dr. Alfred Wolters, an den damaligen Oberbürgermeister Walter Kolb, vom 8. Juli 1947:

Es war unmittelbar nach der „Machtergreifung“ im Jahre 1933, als mich ganz plötzlich und stark die

Sorge um das geliebte Denkmal (das Heinrich-Heine-Denkmal — D. Verf.) packte. In dem Bestreben, einen Schutz für das Denkmal zu erwirken, rief ich einen Mann an, der in der Partei und bei dem Umsturz zwar eine große Rolle spielte, dem man aber rein seines Berufs wegen (er war Kunsthistoriker) ein Verständnis für die Bedeutung des Kunstwerkes zumuten durfte. Seine Auskunft war niederschmetternd, und damit beginnen die turbulenten Schicksale des Denkmals, über die ich Ihnen berichten will. Er erklärte mir, das Denkmal sei „von Rohlingen" mit Gewalt vom Sockel gestürzt worden. Die Bildnisplakette sei zerstört.

Ich konnte damals, obwohl selbst in sehr prekärer Lage, zunächst erreichen, daß die bronzene Denkmalsgruppe durch das Bauamt geborgen wurde, bald darauf, daß sie an die Städtische Galerie ausgehändigt wurde. Da ergab sich nun leider, daß die Bronzegruppe bei der gewaltsamen Entfernung vom Sockel „mittels" Brecheisen etc. schwer beschädigt worden war. Die Beine des Jünglings waren oberhalb der Fußgelenke durchgeknickt, die ganze Gruppe stark verbogen. Ich ließ sie von der Bildgießerei Noack in Berlin, die Kolbes sämtliche Bronzen gegossen hat (jetzt übrigens auch das Beethoven-Denkmal gießt), unter Aufsicht Kolbes wiederherstellen und dann im Städelgarten aufstellen, und zwar unter der Bezeichnung „Frühlingslied", wobei ich mir sagte, daß es sich um das Heine-Denkmal handelt, weiß sowieso jeder, und von wem das „Frühlingslied“ ist, wird man ja wohl auch wissen. Im Städelgarten stand das Denkmal auf einem kleinen, von Hecken und Bäumen begrenzten quadratischen Platz so schön, wie es nur stehen kann. Kolbe selbst war tief beglückt von dieser Aufstellung, die dem intimen, feinen Charakter des Kunstwerks in den räumlichen Ausmaßen des gartenumhegten Platzes auf das idealste entsprach. Hoffentlich gelingt es, bei der beabsichtigten Neuaufstellung ähnliche ideale intime Verhältnisse zu schaffen.

Im stillen Städelgarten stand das von vielen so geliebte Denkmal nun bis zum Krieg und empfing manchen Besucher. Dann mußten wir es der Luftgefahr wegen bergen. Da seine Größe die Verlagerung an einem der auswärtigen Bergungsorte nicht zuließ, so brachten wir es zusammen mit etwa 20 modernen Großbronzen der Städtischen Galerie in einem mächtig überwölbten Kellerraum des Städelschen Kunstinstitutes unter. Im Garten stand nur noch der Sockel mit der Aufschrift: „Georg Kolbe, Frühlingslied“.

Aber damit sind die Irr- und Leidenswege des Denkmals noch lange nicht zu Ende. Eine neue Gefahr tauchte auf: die Metallbeschlagnahmung. Daß das Heine-Denkmal besonders gefährdet war — alle öffentlichen Denkmäler mußten damals ja dem Ministerium „listenmäßig“ gemeldet werden —, versteht sich wohl von selbst. Wir fanden einen Ausweg, der vom damaligen Oberbürgermeister gedeckt wurde: Das Denkmal wurde pro forma in das Eigentum der Städtischen Galerie überführt und war damit als „wertvoller Museumsbesitz" von der Beschlagnahme ausgenommen und vor der Einschmelzung bewahrt. So erscheint es seit dem Jahre 1943 unter der Inventarnummer 162 im Inventar der modernen Skulpturen der Städtischen Galerie. Dann aber, im Frühling 1944, kam der Augenblick, in dem das Denkmal in die tödlichste Gefahr geriet. Ja, es ist dem Tode nur wie durch ein Wunder entgangen. Das zu schildern mache ich mir leicht, indem ich ein Stück aus einem Rundfunkvortrag hierhersetze, den ich im Frühjahr 1946 über die Frankfurter Museen gehalten habe. Bei der Schilderung der schweren Bombenschäden, die die Frankfurter Museumsbauten erlitten haben, steht dort folgendes:

„Daß die besonders schwere Beschädigung des Städelbaus zweifellos eine Folge davon ist, daß man ungeheuerlicherweise drei Flakstellungen auf seinen Dächern erbaute, das wissen wohl auch alle Frankfurter. Alle, alle Versuche der Institutsleitung und der Stadtverwaltung, diesen unglaublichen Mißbrauch zu verhindern, schlugen fehl. Der Hinweis darauf, daß man das Museum dadurch zu einem militärischen Objekt mache, wurde beleidigt abgelehnt, dagegen energisch und überheblich behauptet, die

Flakabwehr auf dem Dache sei der beste Schutz eines Gebäudes. Daß die schweren Beschädigungen des Städels und des Liebighauses vorübergegangen sind, ohne den Verlust darin eingekellerter Kunstwerke herbeizuführen, ist ein wahres Wunder oder ein Geschenk des Himmels. Eine schwere Bombe zerschmetterte den ganzen Gebäudeteil, zerschlug die gewölbte Kellerdecke und warf die ganze Last der oberen Stockwerke in den Trichter hinunter. Es war ein Inferno. Ein Chaos aus bronzenen Riesenleibern von Menschen und Tieren, zum Teil meterweit umhergeschleudert, zum Teil auf den Kopf gestellt, schief und kreuz und quer durcheinandergeworfen, wie unlösbar verwirrt und ineinander verkeilt, zum Teil in dem wirren Durcheinander von Armen und Beinen, tierischen und menschlichen Leibern im einzelnen gar nicht zu erkennen. Dazwischen Schuttmassen aller Art, schwere Steinbrocken, Balken. Im Vordergrund aber stand, vom Rücken gesehen, aufrecht auf schlanken Beinen eine straffe herbe Mädchenfigur von Kolbe, die mit ihren leicht nach vorne gestreckten Händen und mit der federnden Kraft ihres Mädchenleibes die ganze grausige Masse zu halten schien. Wir haben alle diese Bronzen unverletzt bergen können. Nur Schmutz und Schäden der Patina zeugen noch von der Todesgefahr, in der sie schwebten."

Nun: zu diesen Bronzen gehörte auch das Heine-Denkmal. Es war ein paar Meter weit von seinem

Platz weggeschleudert und stand auf dem Kopf! Unbeschädigt ... Und nun, wo es wieder als Heine-Denkmal in aller Öffentlichkeit aufgestellt werden soll, da mußte zunächst die zerstörte Bildnisplakette am Sockel ersetzt werden. Kolbe hat sie auf meine Bitte im Jahre 1942 neu geschaffen. In der Ausstellung, die ich im Frühjahr 1947 zu seinem 70. Geburtstag veranstaltete, deren überzeugenden und beglückenden Mittelpunkt das Heine-Denkmal bildete, wurde diese anmutig lebendige bronzene Bildnisplakette der Öffentlichkeit zum ersten Mal gezeigt.

Treffpunkt der Juden: das Kaffeehaus

Kaum in einer anderen Stadt in Deutschland hat das Wiener-Kaffeehauswesen so Fuß fassen können, wie in Frankfurt zur Zeit des 19. Jahrhunderts. Kaffeehäuser gab es in Frankfurt natürlich schon früher, aber die klassische Zeit der Frankfurter Kaffeehäuser begann eigentlich erst um die Zeit der Revolution des Jahres 1848. Das hat sehr viel mit dem österreichischen Einfluß zu tun, der in der Zeit, als Frankfurt Hauptstadt des Deutschen Bundes war, hier große Bedeutung hatte. Der Frankfurter Geist war immer weltstädtisch, weltoffen und in seiner Grundstimmung demokratisch. Nach Montesquieu war es der Vorzug des Kaffeehauses, daß man den ganzen Tag und ebenso nachts unter Leuten aus allen Klassen sitzen konnte. Eine solche Atmosphäre war dem Frankfurter Geist angemessen. Das Kaffeehaus hatte gewissermaßen eine revolutionäre und demokratisierende Wirkung; es war Sammelplatz geistiger Anregungen, in dem Standesunterschiede keine Bedeutung hatten.

In der Zeit der politischen Reaktion hatte dies auch seine Schattenseiten, denn die Kaffeehäuser dienten den polizeilichen Überwachungsorganen als Gradmesser der politischen Stimmung im Volke. In Frankfurt wurde Kaffee getrunken; das war in Berlin und in Norddeutschland anders. Dort trank man vorzugsweise Bier und Wein, und Kaffee galt als Damengetränk. In Berlin gab es Bierstuben und keine Kaffeehäuser, und Cafés nach Wiener Art kamen erst um das Jahr 1890 herum nach Berlin. Die Sitte, Zeit im Kaffeehaus zu verschwenden, oder das Büro in das Kaffeehaus zu verlegen, war den Berlinern ein Greuel. Sie zogen das Bierhaus vor. Vielleicht hat die spezifisch Frankfurter Kaffeehaus-Atmosphäre auch mit dem jüdischen Einfluß in dieser Stadt etwas zu tun. Die Juden stellten immer ein starkes Kontingent der Kaffeehausbesucher dar. Es ist vielleicht auch ganz interessant darauf hinzuweisen, daß der Kaffeekonsum und auch der Teeverbrauch dem Alkoholmißbrauch auch in Frankfurt erheblichen Einhalt geboten hat. Mirabeau sagte bekanntlich: „Tee und

Kaffee haben dem Laster der Trunkenheit stärkere Schranken gesetzt als die Lehren der Moralisten, die Wissenschaften und die Aufklärung.“ Gutzkow schrieb darüber in seinen Memoiren, und das bestätigt das oben Gesagte: „Die Frankfurter Kaffeehäuser sind gemütlich eingerichtet und nicht durch die Fremden aus den nahe gelegenen Bädern verfranzösiert.“

In Frankfurt haben die Kaffeehäuser das Bild der Stadt mitgestaltet; sie gehören — mehr als sonstwo — zum Wesen dieser Stadt. Ein Porträt Frankfurts in den letzten 150 Jahren ist ohne das Eingehen auf die Kulturgeschichte der Kaffeehäuser nicht vollständig.

Der Siegeszug der Kaffeehäuser begann in Wien zu Ende des 17. Jahrhunderts nach der Aufhebung der Türkenbelagerung. Ein gewisser Georg Kolschitzky rettete damals als türkische Kriegsbeute 500 Säcke Kaffee, welche verbrannt werden sollten, weil man annahm, es sei dies Kamelfutter. So unbekannt war damals der Kaffee in Europa. Dieser Kolschitzky bekam zur Belohnung für wertvolle Kurierdienste einen Freibrief zur Eröffnung eines Kaffeehauses in der Nähe des Stephansdomes. Damit wurden die Lebensgewohnheiten der Wiener drastisch geändert; sie werden von „Wein-Menschen“ künftighin „Kaffeetrinker“. Sie verabscheuten allerdings den Türken-Kaffee, und sie kultivierten den Kaffeegenuß durch die Einführung des Wiener Kaffees ohne Kaffeesatz, mit Milchzusatz oder gar mit „Schlagobers“. Zu diesem wohl mundenden Getränk kamen die „Kipferl", ein typisch Wiener Backwerk, dessen Halbmondform — häufig übersehen — wohl auch noch an die Türkenzeit erinnern dürfte. Von Wien startete der Siegeszug des Wiener Kaffeehauses und der Kaffeehauskultur überhaupt. Es gibt heute in der Welt noch wenig Oasen dieser Ausdrucksform der Wiener Gemütlichkeit; die Kaffeehäuser in Paris von St. Germain des Près und in New York in Greenwich Village sind Ausnahmen geworden.

Es gehört nicht in diesen Rahmen, nun die allgemeine Entwicklung des Kaffeehauswesens zu porträtieren, und es fällt auch nicht in diesen Rahmen, im einzelnen auf die Entwicklung des Kaffeehauswesens in Frankfurt am Main einzugehen. Allerdings muß darauf hingewiesen werden, daß es der Pionier der Frankfurter Kaffeehäuser, der Cafetier Christian Joseph Milani war, welcher am 17. April 1848 die Konzession für eine Kaffeewirtschaft erbat, um dort „Kleingebäck und Gefrorenes" verkaufen zu können. Von Interesse ist es vielleicht, daß Milani sein Lokal in dem Parterre-Stockwerk Ecke Paradeplatz (Hauptwache), Ecke Biebergasse errichten wollte. Dazu kam es nicht, aber am 1. Mai 1849 konnte er eines der ersten Frankfurter Kaffeehäuser an der Ecke Salzhaus/Kaiserstraße, am heutigen Roßmarkt eröffnen. Er hatte allerdings am Anfang Schwierigkeiten, da man ihm den Verkauf von Speiseeis („Glace") ebenso wie den Verkauf von Konditoreien verboten hat. Die Stadt wies nämlich darauf hin, daß schon am 22. 9. 1824 auf Beschwerde der Frankfurter Konditoren dem „Kaffeewirt“ Hecht (damals in der Judengasse) es verboten gewesen wäre, „Glace“ und andere Konditoreiwaren zu verkaufen. Erst viel später erhielt der Cafetier Milani die von ihm begehrte Erlaubnis.

Historisch ist auch heute noch interessant, daß der aktive und ruhelose, aber sehr initiativreiche Milani am 17. Juni 1861 einen Antrag an den Hohen Senat der Freien Stadt Frankfurt um „Herstellung der Hauptwache zu einem Café etc. und Vermietung desselben“ stellte. Er erklärte sich damals bereit, die Kosten des Umbaus zu tragen. Offenbar bestand der Plan, die Hauptwache an die Konstabler Wache zu verlegen, auch ein Projekt der Verlegung der Wache an das Taunustor wurde damals diskutiert. Aus allen diesen Plänen wurde nichts, denn der Senat kam zu dem Ergebnis, daß diese Verlegung untunlich sei. 44 Jahre später wurde dann der Plan Milanis Wirklichkeit.

Das Café Milani, welches das glänzendst ausgestattete Café Frankfurts war, war im Jahre 1848 der Treffpunkt der äußersten Rechten der Deutschen Nationalversammlung. Die ultra-konservative Gruppe, welche sich dort regelmäßig traf, wurde nach ihrem Stammlokal als „Partei Café Milani“ genannt und galt als reaktionär. In diesem Café war damals die Etikette hoch angeschrieben, das Rauchen war verboten und der Frack war als Anzug Konvention.

Das Café Milani verlegte häufig seinen Standort. Im Jahre 1854 erfolgte die Verlegung in die Gegend des heutigen Rathenauplatzes; in den Adreßbüchern ist vermerkt, daß es sich an der Ecke der ehemaligen „Kastenhospitalstraße" am Theaterplatz 13 befand. Im Jahre 1874 wurde das Café nach der Zeil 72 in der Nähe des heutigen Kaufhofs verlegt. Dort befand sich das Hotel Milani und in zwei Stockwerken auch das Café Milani noch in der klassischen Zeit bis zur Jahrhundertwende. Es war ein Café im typisch alt Wiener-Stil und die Besucher waren „bessere Geschäftsleute". Es wurde dort auch Karten gespielt, es gab einen separaten Damensalon, und die Besucher dieses Kaffeehauses waren zu einem großen Teil Juden. Am 27. November 1902 entstand dann das Café an der Ecke Biebergasse/Schillerplatz und befand sich von da ab nur noch im ersten Stock.

Der alte Milani war 1889 gestorben, der Nachfolger wurde sein Sohn Adolf Milani. Der Name Milani war für viele Jahre für alle Kaffeehäuser in Frankfurt das Qualitätssymbol.

Im Jahre 1853 war es wiederum der Kaffeewirt Milani, welcher das Ariadneum der Freiherrlich von Bethmannschen Familie am Hessendenkmal ermietete. So entstand in der Promenade der Friedberger

Anlage der „Kursaal Milani". Dieser Kursaal Milani, in dem sich heute das Etablissement ODEON befindet, war viele Jahre Treffpunkt der Ostendbevölkerung, in erster Linie der jüdischen Bewohner des Ostends. Es fanden dort Künstlerkonzerte statt und besonders am Sabbat war das für das ganze „jüdische Ostend" der Treffpunkt. Das Stamm-Café Milani wechselte noch des öfteren seinen Standort und auch das Etablissement in der Biebergasse, fast nur von Juden frequentiert, welche dort Karten spielten, mußte in der Inflationszeit schließen, und es entstand dort ein Textilgeschäft. Endgültig verschwand es im Jahre 1931.

Es ist nun eine gewisse Rückblende geboten, um etwas über die jüdischen Kaffeehäuser in Frankfurt im Anfang des 19. Jahrhundert auszusagen, worüber übrigens vor über 40 Jahren Hedwig Kracauer berichtet hatte: „Als die französische Kanonade 1796 das Ghetto zerstört hatte und die Juden sich frei in der Stadt bewegen konnten, und als zehn Jahre später das Primatische Organsiationspatent ihnen, wenn auch nicht die Emanzipation, so doch ein bis dahin unbekanntes Maß persönlicher Freiheit gewährte, wurden ihnen auch die öffentlichen Lokale in der Stadt zugänglich. Sehr willkommene Gäste scheinen sie aber nicht gewesen zu sein. Wurde doch sogar eines Tages ein französischer Jude, namens Singer, aus einem der Frankfurter Kaffeehäuser ausgewiesen.

Er ließ diesen Schimpf freilich nicht auf sich sitzen — fühlte er sich doch als freier französischer Bürger — und beschwerte sich bei Dalberg, der sich über die Angelegenheit ganz entrüstet aussprach.

Es war also entschieden eine gute Spekulation für einen jüdischen Wirt, eine Kaffeeschenke aufzumachen. Der Gedanke lag gewissermaßen in der Luft und wurde auch gleich von mehreren aufgegriffen. Im Jahre 1811 wurden der jüdischen Bevölkerung gleich drei Kaffeehäuser beschert. Als erster trat Seligman Abraham Hecht auf den Plan. Die Präfektur des Departements Frankfurt erteilte ihm im Mai 1811 „die Personalgerechtigkeit zur Betreibung einer Kaffeewirtschaft innerhalb des Umfangs des jetzigen Judenquartiers". Nur einen Monat später als Hecht eröffneten die Brüder Moses und Joseph Gundersheim unter gleichen Bedingungen ein Kaffeehaus, und zwar Bornheimer Straße 8. Als dritter folgte Abraham Salomon Sichel. Er machte am 22. Oktober 1811 seinen „Koscher Kaffeeausschank" im Bezirk der alten Judengasse auf.

Leider wissen wir nichts über die Art des Betriebs und über die Preise in den neuen Kaffeehäusern. Billig können sie nicht gewesen sein, denn man darf nicht vergessen: es war die Zeit der Kontinentalsperre. Kaffee, Tee und Schokolade waren nur hintenherum, durch Schmuggel, der freilich durch die englische Regierung gefördert und unterstützt wurde, aber nicht im öffentlichen Handel zu haben. Man wird sich hauptsächlich — wir haben ja Ähnliches selbst erlebt — mit Surrogaten geholfen haben. Liest man doch in den Annoncen Angebote wie „Bester Braunschweiger Chichorienkaffee à 8 kr. das Pfund“ oder Empfehlungen der Produkte der Kaffeesurrogatfabrik von de Antoni. Wie dem auch war, die drei Kaffeehäuser bedeuteten sicher für die Frankfurter Judenschaft eine neue Art von Lebensreiz. Juden lieben ja heute noch die Kaffeehausatmosphäre mehr als die der Wein- und Bierwirtschaften. Hier konnten die Männer rauchen, Karten oder Schach spielen, die Frauen Toilettenschau halten. Jedenfalls ist mir aus großmütterlicher Überlieferung bekannt, als eine ihrer leuchtendsten Jugenderinnerungen, daß das ganze Kaffee Hecht sich eines Samstags nachmittags über ihren neuen Hut erregte. Das Kaffee Hecht scheint überhaupt ein Brennpunkt des Verkehrs gewesen zu sein als beliebteste unter den drei Gaststätten, was nicht besagt, daß dort alles tadellos geklappt hat. Jedenfalls behauptete ein Spaßvogel (wohl in etwas späterer Zeit) von ihm, in liebloser Weise an ein körperliches Gebrechen des Besitzers anknüpfend:

„In diesem Haus ist alles taub geboren,
Selbst die Tassen haben keine Ohren.“

Was die Leistungen des Kaffee Gundersheim anbelangt, so existiert auch darüber ein kleines boshaftes Zwiegespräch:

„Gehste mit zu Gundersheim? —
Nää, ich geh' zu Hecht.
Warum nicht zu Gundersheim? —
Der Kaffee ist zu schlecht."

Die Gundersheims hatten sich übrigens schon seit 1813 beim konservativen Teil der Gemeinde mißliebig gemacht durch den Beschluß, am 9. Ab ihr Lokal offen zu halten. Am 30. Juli erhob der Oberrabbiner Hirsch Halevi Horowitz, unterstützt von den beiden Unterrabbinern, dagegen Protest bei der Großherzoglichen Regierung mit der Begründung, ein solches Vorgehen bedeute die Untergrabung aller Religion; der Erinnerungstag an die Zerstörung des Tempels sei fast dem Versöhnungstag gleich zu achten. Deshalb möge man dem „Cafetier Gundersheim" das Offenhalten seines Kaffeehauses verbieten. Das Gesuch wurde aber abgelehnt, weil es gegen die Toleranz verstieße, besonders da ja auch Christen im Lokal verkehrten, denen man keinesfalls an diesem Tag den Besuch eines Kaffeehauses verbieten könne, ebensowenig könne man aber die etwa anwesenden Juden hinausweisen. Trotz dieses Zwistes scheint aber das Gundersheimsche Kaffeehaus seine Kundschaft nicht eingebüßt zu haben, es gedieh weiter. Nach dem Tod der beiden Gründer ging es an deren Töchter Elisabetha Embden und Sergen (Sara) Strauß über. Heute heißt es Kaffee Goldschmidt. Das Kaffee Hecht übernahm 1829 der Sohn des Seligman Abraham, Feist Seligmann, der 1836 in seinem Hause auch eine „Herberge für durchreisende Israeliten" eröffnete, gleich seinem Bruder Meyer Seligman, der zudem Speisewirt war. Auch das Kaffee Sichel war langlebig. Als sein Gründer 1826 starb, hielt seine Witwe Hannchen, geb. Schuster, den Betrieb aufrecht, unterstützt durch die Witwe Vogel Cahn, geb. Goldschmidt, die 1842 im gleichen Lokal für ihre Person die Konzession erhielt. Ihr Nachfolger war 1848 der Weinhändler Joseph Levy."

Das Ostend hatte bis zum Beginn des Ersten Weltkrieges seine eigene Atmosphäre und zu diesem Milieu gehörte das Café Goldschmidt, welches vorzugsweise von Juden aus dem Ostend, aber auch von vielen Juden frequentiert wurde, welche aus dem hessischen Hinterland sehr oft nach Frankfurt kamen, um ihre Geschäfte zu tätigen. Im Volksmund wurde daher häufig dieses Café als „Café Jonteff" bezeichnet. Der Inhaber im Jahre 1843 war der Cafetier Benedikt Josef Goldschmidt, so daß man annehmen kann, daß um diese Zeit herum das Café Goldschmidt gegründet sein muß. Der Haupteingang dieses Cafés, das aus mehreren Teilen bestand, war in der Allerheiligenstraße; dort befand sich auch der Aufgang zu den Räumen des ersten Stocks. In der Börnestraße war der Eingang zu der „Kutscherstube", dessen Publikum aus Kutschern, Chauffeuren und Arbeitern bestand. welche dort in Arbeiterkleidung ihr Essen zum billigen Preis einnehmen konnten und dazu ihren billigen Kaffee bekamen.

In der Hauptabteilung links vom Eingang Allerheiligenstraße war der Treffpunkt der jüdischen Metzgermeister und Viehhändler und auch der Obst- und Gemüsegroßhändler von der Großmarkthalle, welche sich damals in der Hasengasse befand. Dort verkehrten auch die Textilhändler aus der Allerheiligenstraße sowie aus der Großen Friedberger Straße und der Neuen Zeil, ebenso wie sonstige Handelsleute.

In der Abteilung rechts vom Eingang zeigte sich ein ganz anderes soziales Bild. Man sah dort Leute von Baufirmen, Architekten und Pensionäre. Das Café war stark von den Besuchern der Großmarkthalle frequentiert und auch von den auswärtigen Marktteilnehmern. In einer Abteilung rechts vom Eingang, abgesondert eingeteilt, befand sich der Spielsaal, wo Arbeiter und „bessere Leute" ihre Skatpartie oder Klabrias spielten.

Die besondere Attraktion war jedoch das Kaffeehaus im ersten Stock, das einen vornehmeren Stil hatte, nach Wiener Art geführt wurde und dessen Damensalon zum Treffpunkt des weiblichen Geschlechtes aus dem Ostend wurde. Der erste Stock war das „Café Goldschmidt der besseren Leute". Die Spezialität in diesem Café war der Radonkuchen, der Gugelhupf mit Schokoladenguß, außerdem der Apfelkuchen mit einer großen Portion Sahne, und als Hauptattraktion der Käsekuchen, der rein aus Eiern und Butter gemacht wurde. Wenn man guten Käsekuchen in Frankfurt essen wollte, ging man ins Café Goldschmidt. Nach dem Ersten Weltkriege war dann die Hauptattraktion der „Friedenskäsekuchen", doppelt so teuer wie der gewöhnliche, weil er die Qualität von vor 1914 hatte. Es gab im Café Goldschmidt keine Zahlkellner, aber nach Wiener Art wurden Gläser Wasser in unbeschränkter Menge serviert. Kaffee gab es in Tassen, aber die Kenner bestellten ihren Kaffee im Glas. Der Kaffeehausbetrieb im Café Goldschmidt begann schon sehr früh am Morgen, es öffnete um 6 Uhr, und der Betrieb ging durch bis 11 Uhr abends.

Im Café Goldschmidt war im Parterre hinten in der Mitte ein Zigarrenverkauf, und die Zigarren vom Café Goldschmidt waren für viele Jahre in Frankfurt ganz besonders renommiert.

In diesem Café Goldschmidt gab es viele Traditionen. Auch eine bestimmte Tradition, an welche sich heute noch Angestellte dieses Cafés erinnern. Jeweils am dritten Weihnachtsfeiertag (27. Dez.) fand eine Feier für die Mitarbeiter statt, und das Café wurde daher um 20 Uhr geschlossen. Im ersten Stock gab es dann für die Angestellten und ihre Familien das traditionelle Weihnachtsessen mit Gänsebraten. Wein und Zigaretten wurden kredenzt und Kräfte der Oper wirkten dabei mit künstlerischen Darbietungen zur Verschönerung der Feier mit. Die letzten Geschäftsführer waren die Brüder Bernhard und Alfred Goldschmidt; Bernhard starb vor 1930, Alfred kam in einem Konzentrationslager um.

Ab Mitte der zwanziger Jahre ging das Geschäft im alten Café Goldschmidt zurück, da die Bedeutung des Ostends abnahm. Im Jahre 1926 kauften daher die Goldschmidts das Gebäude Kaiserstraße, Ecke Neue Mainzer Straße und gründeten dort das Café CEGOLD als Tanzcafé. Dieses Café in einem ganzen Haus in mehreren Stockwerken wurde sehr elegant geführt. Der Standard als „Tanzcafé" war jedoch zu hoch, um für das bürgerliche Publikum ein Anziehungspunkt zu sein. Auch der dort befindliche Delikatessenladen (Stadtküche) und der Zigarrenverkauf rentierte sich nicht sonderlich. Im Jahre 1928 war die Geschichte des CEGOLD-Palastes und des Café Goldschmidt zu Ende. In den Räumen des CEGOLD-Palastes an der Kaiserstraße konnte ein Café Sacher-Wien (Inhaber Langenbach) sich nur eine kurze Zeit halten.

Was im Jahre 1861 ein Traum von Christian Milani war, wurde im Jahre 1905 Wirklichkeit, und die Hauptwache wurde zu einem modernen Kaffeehaus umgebaut. Der Platz an der Hauptwache hieß seit dem 18. Jahrhundert Paradeplatz und wurde in der Folge als aufkommender Zentralpunkt der Stadt zum Standort vieler Kaffeehäuser und Restaurants. Zur Zeit seiner Gründung war das Café Hauptwache im modernsten Stile ausgestattet; im ersten Stock befand sich ein im Schäfer-Stil gehaltener Damen-Salon, ein Nichtraucherzimmer und ein Billard-Zimmer. So war dieses Café Hauptwache typisch für die alte Frankfurter Kaffeehausgemütlichkeit und in dem Garten an der Hinterseite trafen sich besonders nachmittags das Bürgertum und die Damen. Der Garten am Schillerplatz war die Nachrichtenbörse für Frankfurt vor 1914; dorthin gelangten zuerst die Extrablätter der „Frankfurter Zeitung" aus der alten Eschenheimer Gasse. Der Chronist erinnert sich noch daran, wie dort die erste Nachricht über den Ausbruch des ersten Weltkrieges dem Frankfurter Publikum bekanntgegeben wurde. Ein großes Kontingent der Besucher des Café Hauptwache war, wie in den meisten anderen Kaffeehäusern, Juden, und viele werden sich an die knusprige Erdbeertorte mit Schlagsahne, an den Charlotte-russe-Kranz und, als besondere Leistung der Küche, die „zwei Eier im Glas" erinnern Der Frankfurter Kaffee wurde im Glas serviert und die Kellner servierten diesen ihren Stammgästen, ohne auf Bestellungen zu warten, denn man wußte, was der Stammgast wollte.

Als Pächter ist im Jahre 1907 ein J. Wolf erwähnt, aber viele werden sich noch an Franz Wolf erinnern, selbst Jude, wie viele andere Café-Inhaber. Er war Pächter bis in die 30er Jahre und seine joviale korpulente und trotzdem leichte Erscheinung hatte viel mit der Atmosphäre dieses Kaffeehauses zu tun.

Ab 1. April 1933 war der neue Hausherr in der Hauptwache Hermann Brand, der schon einige Jahre vorher die Pacht übernommen hatte. Hermann Brand war Soldat bis zum Ende des Krieges; in seiner Abwesenheit wurde das Kaffeehaus von seiner Frau Margarete geleitet, welche durch die Nazis ein grausiges Schicksal hatte. Sie starb 1944 im Nazigefängnis, war seelisch zerrüttet und, wie berichtet wird, verhungerte dort buchstäblich.

Das Café Hauptwache war im Jahre 1944 zerstört worden. Im Jahre 1949 wurde eine neue Konzession dem früheren Pächter Hermann Brand von der Stadt gegeben, und am 21. 9. 1950 war es mit der Neueröffnung wieder so weit. Das Café war ab 7 Uhr früh bis 2 Uhr morgens geöffnet; eine Weinstube befand sich wieder im ersten Stock. Herr Münch wurde Geschäftsführer, und Herr Heimberger wieder Oberkellner. Diese neue Periode in der Geschichte des Café Hauptwache dauert nicht sehr lange, und als am 30. September 1965 die Hauptwache „vorübergehend“ geschlossen wurde, war das für viele der Abschied vom Stammcafé, für alle aber der hoffentlich nur zeitweilige Abschied von einem Symbol der Frankfurter Geschichte.

Inzwischen wurde 1968 die alte Hauptwache wieder rekonstruiert aufgebaut. In ihr befindet sich wieder ein Kaffeehaus, das aber in der Atmosphäre und in der Tradition mit dem alten Café nur den Namen gemeinsam hat. Das alte Café Hauptwache war kein spezifisch Wiener-Kaffeehaus, ein solches befand sich aber in seiner nächsten Nähe; es war das Café Bauer in der Schillerstraße, an das heute nichts mehr erinnert, aber eine vielleicht typische Geschichte hat. Der Platz an der Hauptwache sah bis zum Jahr 1883 anders aus als heute; es gab nämlich keine Straße dort, wo heute die Schillerstraße ist. Die einzige Verbindungsstraße zwischen Eschenheimer Turm war die Große Eschenheimerstraße. Im Jahre 1883 erfolgte dann der Durchbruch des Rahmhofes und die Anlage der Schillerstraße, und so konnte dort am 19. 9. 1884 das Café Bauer eröffnet werden. Das war eine feierliche Angelegenheit, das Buffet war frugal und dieses Café, welches den Raum von zwei Stockwerken einnahm, war unter der Leitung des Cafetiers M. Bauer. Dieser Bauer betrieb damals schon das weltberühmte Café Bauer in Berlin und war dort als sogenanntes „Wiener Café", wie die „Frankfurter Zeitung" damals schrieb, „zum Treffpunkt der fashionablen Gesellschaft und nicht nur der Zeitungsmarder geworden".

Bauer stellte damals in seiner Eröffnungsrede fest, es gäbe keine Stadt außer Hamburg mit so kosmopolitischem Wesen wie Frankfurt, welches alle Vorbedingungen zu einer Weltstadt habe.

In diesem Café Bauer, das wohl nur in der Atmosphäre mit dem Romanischen Café in Berlin verglichen werden kann, gab es die alten Wiener Zahlkellner, welche kassierten, dem Stammgast die Lieblingszeitung vorlegten und dafür sorgten, daß die Tabletts mit einigen Gläsern mit frischem Wasser immer dem Stammgast zur Verfügung standen. Das Café hatte seine künstlerische Note durch die Wandmalereien des Malers Hans Thoma. Eine Spezialität des Café Bauer war der Kaffee Melange, der damals immerhin 35 Pfennige kostete.

Entsprechend der kosmopolitischen Atmosphäre dort servierte man auch russischen Tee und verlangte für das „Glas Tschay" 60 Pfennige. Aus den Notizen der Preisliste ergab sich, daß 120 Zeitungen und Zeitschriften in dem Café auslagen, darunter 50 aus dem Ausland. An russischen Zeitungen ist vermerkt der „Rjetsch" und aus Warschau der „Kurier Warszawski". Diese Vielzahl der internationalen Zeitungen machte das Café Bauer zum Anziehungspunkt von Ausländern, welche sich in Frankfurt aufhielten. Für die vielen jüdischen Besucher gab es dort den ISRAELIT und das „Israelitische Familienblatt" zu lesen. Die „Zionisten" hatten in der Anfangszeit dieser Bewegung seit 1897 dort ihren Stammtisch und manche Idee dürfte in dieser Kaffeehaus-Atmosphäre ihre geistige Form gefunden haben. Auch strenggläubige Juden besuchten dieses Café am Samstag, denn es wurde ihnen dort „Kredit“ eingeräumt, so daß sie nicht zu zahlen brauchten. In dem ersten Stock befand sich der Billardspielsaal mit 5 Billards, ein Raum, in dem die Kartenspieler ihrer Liebhaberei nachgehen konnten, der untere Raum war durch Säulen charakterisiert. Besonders auffallend war das große Bedienungsbuffet gegenüber der Frontseite, in dem für viele Jahre immer die gleichen Damen damit beschäftigt waren, den Würfelzucker und die Milch für den servierten Kaffee vorzubereiten. Das Café Bauer wechselte im Jahre 1899 den Besitzer und ging in das Eigentum des Max Abeles über, der später auch Eigentümer des Zeilpalastes war. Im Jahre 1927 wurde das Café Bauer umgebaut und die Thoma-Bilder restauriert; die Leitung übernahm damals Dr. Levy, der Schwiegersohn des 1923 verstorbenen bekannten Cafetiers Loebl. Im Jahre 1932 gab es noch das Café Bauer, welches dann in der Hitlerzeit seine Pforten schloß.

Das heutige Café Kranzler hat mit seiner alten Tradition in Berlin in Frankfurt eine neue Geschichte. Das jetzige Café Kranzler mit einer Fassungskraft von 500 Menschen wurde am 9. Februar 1951 eröffnet und befindet sich an einer Stelle, die für das Frankfurter Kaffeehausleben traditionell war. Vor dem ersten Weltkriege war dort das Grandcafé Bristol unter der Leitung des Cafetiers M. J. Loebl (1898), der bei der Leitung von verschiedenen anderen Frankfurter Kaffeehäusern immer eine große Rolle gespielt hatte. Seit dem ersten Weltkrieg nach 1914 entstand dort das Kronen-Café in dem veränderten Stile eines Konzertcafés mit dem Hintergrund der Kronendiele, welche für die tanzlustige Jugend Frankfurts zu einem mondänen Stelldichein wurde. Dieses Café ging durch die Inflation ein. Es eröffnete sich dort eine Bankfiliale, aber das nur für kurze Zeit.

Nach der Inflation errichtete dort der „Sternberg-Konzern", der das weitzweigigste Vergnügungsetablissement Groß-Frankfurts am Eschenheimer Turm aufbaute, dort später in dem früheren Hause des Pariser Hofs wiederum ein modernes Großcafé, das jetzt Café Wien hieß. In diesem Café Wien trafen sich am Sonnabendmorgen die jüdischen Sportler des Bar Kochba und das Café hatte den unsichtbaren Charakter eines Clubs, in dem sich die jüdische Jugend in mittleren Jahren traf. Während des Zweiten Weltkrieges wurde das Café Wien ausgebombt.

Übrigens darf darauf hingewiesen werden, daß der Sternberg-Konzern in den Räumen des Groß-Frankfurt am Eschenheimer Turm das Café Groß-Frankfurt betrieb, das mit seiner roten Plüscheinrichtung einen anheimelnden Eindruck machte. Dieses Café unter der Leitung des „alten Köster", an den sich noch mancher erinnern wird, wurde von den Besuchern des Varietés Groß-Frankfurt besucht, das später in ein florierendes Operettentheater umgewandelt wurde. In diesem Operettentheater traten u. a. Fritzi Massary und Max Pallenberg auf, und auch diese waren häufig im Café Groß-Frankfurt zu sehen. Später wurde das Operettentheater in ein Kino umgewandelt.

Zu den romantischen Erinnerungen, wenn man von den Kaffeehäusern in Frankfurt spricht, gehört auch das Café Orpheum, das sich an der Konstabler Wache, am Anfang der neuen Zeil dort befand, wo heute der Parkplatz der „Kaufhalle“ sich befindet. Dieses Café Orpheum hatte seine Glanzzeit vor dem ersten Weltkrieg zu Ende des 19. Jahrhunderts, als das Ostend noch in stärkerem Maße als heute als bürgerliches Wohnviertel galt und die Stadt noch im Zentrum stark bewohnt war. Dieses Orpheum war jahrelang ein Varieté, in dem 500 Personen Platz fanden. Im Parterre und auch in der ersten Etage war ein Café und es spielte dort eine ungarische Kapelle zum Tanz. Das Café war Tag und Nacht bis fünf Uhr morgens geöffnet. Die Besucher waren hauptsächlich bürgerliche Leute, welche aus dem Ostend kamen; seine starke Frequenz hatte es nach Schluß der Vorstellungen von „Nathan Herbsts“ Wintergarten, der sich an der Neuen Zeil zeitweise mit den Vorführungen der Budapester Bunten Bühne (Herrnfeld) großer Popularität erfreute. Das Herrnfeld-Theater gab dann später verschiedentlich in dem Orpheum selbst Gastspiele. Als das Varieté nicht mehr genügend zugkräftig war, entstand in dem Orpheum ein Theater, das unter der Direktion von Karl Heinz Martin zeitweise sehr erfolgreich war und ein Vorläufer für das später gegründete Neue Theater unter Hellmer und Reimann wurde. Später wurde das Orpheum in das Capitol-Kasino umgewandelt. Mit der Zeit verlor das Café Orpheum seinen bürgerlichen Charakter und wurde zu einem Treffpunkt gewisser Halbweltkreise. Zur Zeit der Inflation ging das Café Orpheum ein.

Mit der Ausdehnung des Stadtgebietes von Frankfurt und der Eröffnung des Hauptbahnhofs transformierte sich auch das Kaffeehausleben in Frankfurt, und die Gegend in der Kaiserstraße wurde zu einem neuen Kaffeehausviertel. Wenn auch verhältnismäßig kurzlebig und spät entstanden, war der solide Zentralpunkt dieser Kaffeehäuser das Grand Café Buerose am Bahnhofsplatz 12, zwischen Taunus- und Kaiserstraße gelegen, in der Nähe des Hotels Hessischer Hof.

Das Café wurde als typisch Wiener Kaffeehaus geführt, allerdings war die Auswahl der Zeitungen gering. Die vielen jüdischen Textilgroßhändler aus der Kaiserstraße hatten dort ihren Stammtisch, und auch die Gäste der am Bahnhofsplatz befindlichen

Hotels bevorzugten dieses Kaffeehaus, dessen charakteristische Fotografie der Inneneinrichtung noch erhalten ist.

In diesem Café traf man die profilierte Persönlichkeit des Oberkellners „Anton", der ursprünglich im Café Goldschmidt und dann später im Café Bauer zu sehen war. Er gab diesem Kaffeehaus seine Note. Im Jahre 1939 ist das Café noch vermerkt, befindlich am Hindenburgplatz 12-14, letztmalig findet man einen Eintrag im Jahre 1943, dann ist es durch Bombenangriffe zerstört worden.

Nahezu vollständig in Vergessenheit geraten ist das Café Astoria, das sich dort befand, wo heute die Dresdner Bank steht (Taunusanlage/Ecke Kaiserstraße), dessen Name bis zum Ersten Weltkrieg Café Windsor war und offenbar dann aus Gründen der patriotischen Opportunität diesen Namen ablegte. Das Café Astoria bestand bis zum Ende der dreißiger Jahre ursprünglich unter der Leitung des schon genannten Cafetier Wilhelm Löbl, der im Jahre 1923 starb. Die Besucher dort waren Kaufleute aus der Kaiserstraße und bis zu einem gewissen Grade auch die Besucher des Schauspielhauses.

Bei einem Rundgang durch die Stadt ergeben sich viele Erinnerungen, besonders an bekannte Konditoreien, welche nur am Rande erwähnt werden können. Da war in der Nähe der alten Börse in der Gegend um den Paulsplatz herum das Café Schneider, welches heute als das „Alte Café Schneider“ in der Kaiserstraße, nicht unweit des „Frankfurter Hofes“ noch besteht. Das Etablissement S. F. Jollasse, ursprünglich in der Altstadt seit dem Jahre 1875, siedelte im Jahre 1904 an den Roßmarkt 6 über. Es war eine elegante Konditorei. Dieses Etablissement firmierte als „Hoflieferant“ und es war vormittags der Treffpunkt der eleganten, zu einem großen Teil auch der jüdischen Damenwelt, welche dort nach Erledigung ihrer Einkäufe in der Stadt einen leichten Imbiß einnahmen. Diese Konditorei verschwand unter tragischen Umständen für den Besitzer, welcher offenbar als „Nichtarier“ entdeckt wurde, als Hitler an die Macht kam. Es soll noch erinnert werden an die heute noch bestehende Konditorei L. Bräutigam am Liebfrauenberg und an die von Juden sehr stark frequentierte Konditorei Julius Buntenbach, Allerheiligenstraße, die schon vor 1900 existierte und sich durch fein zubereitetes Eis auszeichnete. Viele Juden im Ausland werden sich noch an die Konditorei Foerst erinnern, welche sich noch in der Schillerstraße befindet. Die Konditorei und das Café Foerst wurde erst am 1. Mai 1915 gegründet; das Etablissement kam von Metz nach Frankfurt und es befand sich zuerst in der Großen Bockenheimer Straße, der Freßgasse, nicht weit vom Opernhaus. In dieser Konditorei, die sich heute in der Schillerstraße befindet, arbeitete zur Zeit des Ersten Weltkrieges ein russischer

Kriegsgefangener, und es geht die Fama, daß durch diesen Fachmann dort die Pralinenherstellung eingeführt wurde. Viele junge jüdische Mädchen und ihre Freunde hatte dort ihre ersten „dates". Nach dem Ersten Weltkriege, und zwar im Jahre 1925, wurde auch die Konditorei Laumer, erstmalig in der Eschersheimer Landstraße/Ecke Fichardstraße gegründet; sie befindet sich heute in der Bockenheimer Landstraße, Ecke Brentanostraße. Auch dieses Etablissement kam nach Frankfurt als Folge der Abtrennung Elsaß-Lothringens vom Deutschen Reich. Aus den gleichen Gründen siedelte auch der jüdische Konditor Falk, welcher aus Straßburg kam, nach Frankfurt über; seine stark frequentierte Konditorei und Café befand sich am Eschenheimer Turm, Ecke Oederweg. Das Café Leo Rothschild Ecke Biebergasse/Rathenauplatz kam nach dem Ersten Weltkrieg von Bad Homburg nach Frankfurt und ist vielen noch in Erinnerung. Auch die Konditorei Max Freimark, Sandweg/Ecke Baumweg gehört in diese Kategorie der jüdischen Konditoreien und Kaffeehäuser. Eine besondere Rolle in der Frankfurter Kaffeehausgeschichte hatte die Konditorei Bütschli, welche sich 1866 noch am Goetheplatz 14 befand, dann in die Kaiserstraße 23 übersiedelte und aus der vor dem Ersten Weltkriege das Café Rumpelmayer entstand in der Nähe des damaligen Schauspielhauses in der Gallusanlage. Der Name „Rumpelmayer" war damals in der ganzen

Welt bekannt. Der Stammvater dieser Kaffeehauskette war einmal Chefpatissier der Baronin Rothschild in Paris. Mit dieser Reputation eröffnete dieser Rumpelmayer im Jahre 1865 in Baden-Baden eine Konditorei (welche mit diesem Namen heute noch besteht) und später dann Kaffeehäuser des gleichen Namens in Aix-les-Bains, Mentone, Montecarlo und Nizza. Nach einiger Zeit ging das Baden-Badener Geschäft an Caspar Heim über. Dieser Caspar Heim gründete im Jahre 1911 das Frankfurter Haus, welches ursprünglich als Café Bütschli-Rumpelmayer (C. Heim) firmierte und noch im Jahre 1918 so hieß.

Die Sommerabende im Garten des Café Rumpelmayer hatten ihren besonderen Reiz und besonders die Ausländer, welche nach Frankfurt kamen, machten das Rumpelmayer zu einem internationalen Treffpunkt. Autobusse der Reisegesellschaften hielten vor dem Rumpelmayer, und die Tische, an denen die Ausländer saßen, zeigten jeweils die Nationalflagge der Besucher. In der Zeit von 1919 bis 1933 war das Rumpelmayer das Café der Schauspieler und Theaterkritiker und zu den Habitués, welche dort verkehrten, gehörten der Regisseur Weichert, Toni Impekoven, Georg Lenbach und viele andere. Diese Glanzgeschichte des Rumpelmayer kam nach dem Zweiten Weltkrieg zum Ende; dort entstand erst der Country Club der Amerikaner und im Jahre 1947 der britische St. George-Club.

Im Jahre 1951 wurde das Café wieder freigegeben, aber die Verkehrssituation am Schauspielhaus hatte sich geändert und der alte Glanz des früheren Cafélebens konnte dort nicht wieder entstehen. Die Neueröffnung des Café im Jahre 1951 war von kurzer Dauer, denn im Jahre 1953 entstanden Schwierigkeiten. Der langjährige Inhaber Hermann Jäger war 80 Jahre alt und das traditionelle Rumpelmayer verschwand mit der Zeit. Das Lokal wurde von anderen übernommen, wurde 1964 zum Tanzlokal, aber mit der Rumpelmayer-Tradition war es vorbei.

Die vielen, welche ihr Frühstück in dem Café Rumpelmayer eingenommen haben, erinnern sich noch an den alten Frühstückskellner Josef Schlager aus Außig, welcher bis zum Jahre 1942 dort tätig war.

Bei dieser Betrachtung muß natürlich auch dem heutigen Operncafé und dessen Geschichte Erwähnung getan werden. An dieser Stelle erstand erstmalig im Jahre 1913 das schmale langgestreckte Café Kaisergarten mit dem großen Garten; es stand damals unter der Leitung von E. Michels. Die immer stärker werdende Bedeutung des Westends, die Nähe des Opernhauses und das Publikum der anliegenden großen Frankfurter Versicherungsgesellschaften machten besonders im Sommer dieses Café zu einem beliebten Treffpunkt. Zu Ende des Ersten Weltkrieges übernahm die Leitung des Kaisergartens der Cafetier Friedrich Hanselmann, der durch individuelle Behandlung der Gäste diesem Kaffeehaus einen besonderen Charakter aufprägte.

Genauso wie während des Ersten Weltkrieges aus den Caféhäusern mit „C“ die dem Zeitgeist entsprechenden Kaffeehäuser mit „K“ entstanden, so hielt es das Café Kaisergarten für zweckmäßig, nach dem Ersten Weltkrieg sich in das Kaffee Hanselmann umzubenennen. Als solches bestand es nur noch kurze Zeit im Dritten Reich und wurde 1936 geschlossen.

Etwas länger überlebte in dieser Gegend das Café Esplanade in dem Haus Taunusanlage 21, wo sich früher das Hotel Imperial befand. Noch kurze Zeit nach der Inflation befand sich dort dieses Hotel, später entstand dort schon in der Inflationszeit die „Westenddiele“ als Tanzlokal. In den dreißiger Jahren wurde durch Emil Goll und Gömöry im Hause Imperial das Café Esplanade errichtet. Dieses Kaffeehaus war im Jahre 1938 noch das einzige, dessen Besuch Juden gestattet war. Später wurde es ein Konzertcafé und hörte während des Zweiten Weltkrieges auf zu existieren.

Vielleicht darf am Schluß noch ein allgemeiner Hinweis gegeben werden, der etwas mit der Kulturgeschichte des Kaffees zu tun hat, aber bestimmt erwähnenswert ist: Preußen und auch die Stadt Frankfurt waren zur napoleonischen Zeit teefreundlich, es wurde Mode, Tee („Tschay“) aus Rußland zu trin-

Typisches Bild eines Parterre-Raumes des Café Goldschmidt an der Allerheiligenstraße, vor 1914.

Die Judengasse in Frankfurt a. M. zu Beginn des 19. Jahrhunderts.

ken. 1841 hatte sich das drastisch geändert, denn es wurden über Hamburg 36 000 Tonnen Kaffee jährlich eingeführt, aber nur 137 Tonnen Tee. Das war also 45mal mehr Kaffee als Tee, wobei allerdings korrigierend die Gewichtsmenge zur Herstellung des Getränks in Betracht gezogen werden muß.

Übrigens war der „Tschay“ das Lieblingsgetränk der vielen aus dem Osten nach Frankfurt übergesiedelten Juden vor und nach dem Ersten Weltkriege. Während im Osten für Juden das Lieblingsgetränk der „Tschay“ war, pflegten die Frankfurter Juden doch ihrem „Káffee“, wie es im Frankfurter Dialekt hieß, den Vorrang zu geben. Sie waren damit in Übereinstimmung mit den Liebhabereien eines Johann Sebastian Bach, auf die verwiesen werden muß. In einem Buche von Günther Schiedlausky: Tee — Kaffee — Schokolade — ihr Eintritt in die Europäische Gesellschaft, heißt es da u. a. wörtlich:

„Die bleibendste und bedeutendste musikalische Huldigung an den Kaffee ist (jedoch) Johann Sebastian Bachs Kaffee-Kantate. Der Text geht auf ein 1727 veröffentlichtes satirisches Gedicht von Christian Friedrich Henrici zurück und handelt von einem großen Sterben der Pariser Bevölkerung, der das Kaffeetrinken verboten worden sei. Für Bachs 1732 komponierte Kantate ist die Handlung erheblich umgeändert worden; sie verspottete die Kaffeeleidenschaft der Leipziger, vor allem der Damen. Das heiratsfähige Lieschen ist offenbar mehr von der Liebe zum Kaffee als zu einem Mann ergriffen: ‚Ei wie schmeckt der Coffee süße, lieblicher als tausend Küsse'. Ihr Vater Schlendrian droht, ihr keinen Freier zu verschaffen, wenn sie nicht dem Kaffee entsage: ‚Wenn du mir nicht den Coffee läßt, so sollst du auf kein Hochzeitsfest'. Lieschen aber bleibt ihrer Liebe zum Kaffee treu:

‚... kein Freier komme mir in das Haus,
er hab es mir denn selbst versprochen
und rück es auf der Ehestiftung ein,
daß mir erlaubet möge sein,
den Coffee wie ich will zu kochen.'

Diese harmlose Verspottung der Kaffeeleidenschaft scheint Gefallen beim Publikum gefunden zu haben, denn am 7. April 1739 wird die Kantate in Frankfurt am Main aufgeführt."

Heute gibt es wieder 4 500 Juden in Frankfurt am Main, welche zwar im traditionellen Sinn nicht Frankfurter Juden sind, aber es möglicherweise einmal sein werden. Wenngleich die Zahl der Kaffeehäuser in Frankfurt rapide zurückgegangen ist, so ist die Affinität der Juden, in das Kaffeehaus zu gehen, geblieben. Unsere Zeit hat sich soziologisch transformiert. Die Expressi oder die Imbißstuben sind Kaffeehäuser für Leute, die ins Kaffeehaus gehen wollen, aber fürs Café keine Zeit haben. Dort sind die Tischchen klein, so daß man besser der Versuchung widersteht, sich an ihnen für Stunden niederzulassen. Das war früher anders. Das Kaffeehaus war der Ort für ein Rendezvous, wo man Neuigkeiten austauschte und seine Geschäfte absprach. Es war auch der Treffpunkt für viele Einzelgänger. Man denke dabei an die Sentenz von Peter Altenberg: „Du haßt und verachtest die Menschen und kannst sie dennoch nicht missen — Kaffeehaus!"

Wenn man Kontakt mit jüdischen Bewohnern Frankfurts nehmen will, so kann man das auch heute noch tun, wenn man morgens in das Café Kranzler oder nachmittags in das Café Laumer oder das Operncafé (Möwenpick) geht. Balzac war einer der Könige des Kaffeetrinkens; stundenlang war er unterwegs, um die richtigen Sorten für sich einzukaufen, und in seinem Leben soll er 50 000 Tassen Kaffee getrunken haben. Von Voltaire berichtet man, er habe bis zu 72 Tassen Kaffee am Tage benötigt. Beethoven zählte 60 Bohnen pro Tasse ab, Napoleon verdankte Feuer und Tatendrang starkem und reichlichem Kaffee. Der Weltmeister im Kaffeetrinken war jedoch ein Mr. Gemsock aus Cleveland, der in 12 Stunden mit 85 großen Tassen Kaffee seinen Durst löschte.

Vielleicht ist das auch der Grund, warum Juden typische Kaffeehausbesucher waren und sind.

Zionismus in Frankfurt

Seine Anfänge — Erinnerungen

Alles, was jüdisch in Frankfurt von Bedeutung gewesen ist, hatte letzten Endes seinen Ursprung in der Frankfurter Judengasse, oder — ihrer erweiterten Peripherie — dem „Ostend".

Dort entstand zur Zeit Herzls in den Jahren 1896/97 in kleinen Anfängen auch die Zionistische Organisation in Frankfurt. Quellenmaterial darüber ist spärlich vorhanden, da die Promotoren dieser Bewegung nicht mehr leben und von den Lebenden eine verschwindende Anzahl nur noch sekundär Erinnerungen an diese jetzt nahezu 75 Jahre zurückliegende Zeit hat.

In dem „Henry-und-Emma-Budge-Heim" in Frankfurt-Seckbach, weiß der (inzwischen verstorbene) frühere Rechtsanwalt Hugo Wohlfahrt, der im Jahre 1889 in Frankfurt geboren wurde, etwas noch über diese Anfänge zu berichten.

Hauptquellen der Geschichtsforschung über die Urzeit des Frankfurter Zionismus sind die wenigen noch vorhandenen Jahrgänge des „Frankfurter Israelitischen Familienblattes", über das noch später zu sprechen sein wird, und ... die persönlichen Erinnerungen des Schreibers dieser Zeilen.

Hugo Wohlfahrt war Sohn des in Frankfurt sehr bekannten Textilkaufmannes Veit Wohlfahrt, Chef einer alteingesessenen Frankfurter Firma. Es war in diesen Kreisen ein revolutionärer Entschluß, Zionist zu werden, denn eine innere Beziehung zu der zionistischen Idee war bei den westjüdisch eingestellten Frankfurter Juden — von wenigen Ausnahmen abgesehen — nicht vorhanden. Eine dieser Ausnahmen war Hugo Wohlfahrt, welcher im Jahre 1907 Mitglied der Zionistischen Verbindung „IVRIA“ in Freiburg/Breisgau wurde. Einer Organisation von farbentragenden jüdischen Studentenverbindungen in Deutschland, welche im Kartell Zionistischer Verbindungen (KZV) zusammengefaßt waren.

Zu den Gründern dieser Organisation, welche später in das „KJV“, dem Kartell Jüdischer Verbindungen, aufging, gehörte auch Richard Lichtheim, der übrigens nach dem Ersten Weltkrieg längere Zeit in Kronberg lebte.

Wohlfahrt war als Student in Freiburg aktiv zusammen mit dem später bekannten Orangenpflanzer Dr. Wilhelm Brünn, der in Chedera (Israel) seinen Wohnsitz nahm und einer der Pioniere dieses Ortes war.

Wohlfahrt war in Frankfurt im Jahre 1911 als Gerichtsreferendar tätig und wurde damals Mitglied des Vorstandes der Zionistischen Ortsgruppe, der außer ihm der bekannte Weinhändler J. L. Goitein,

Fritz Sondheimer (Tellus A. G.-Beer-Sondheimer & Co.), Max Wolf (Weinbrennerei Adler-Schott) und S. H. Goldmann (Hebräischer Sprachlehrer und Vater von Dr. Nachum Goldmann!) angehörten.

Wohlfahrt weiß aus der Anfangszeit des Zionismus in den Jahren 1898/99 nur wenig zu berichten. Die zionistischen Sitzungen fanden in einer Freimaurerloge in der Seilerstraße statt, und man hatte dort häufig Besuch zionistischer Führer wie Dr. Adolf Friedemann, dem Herzl-Biograph, welcher damals Gerichtsassessor in Wiesbaden war, von Dr. Berthold Feiwel (dem Dichter der romantischen Frühzeit des Zionismus) und von Dr. Schmarjahu Lewin. Aus dieser Zeit ist eine Anekdote überliefert, über die Wohlfahrt zu berichten weiß; sie ist charakteristisch.

Zu den Kreisen der Zionisten gehörten damals im wesentlichen polnische (österreichische) und russische Juden; also „nichtbodenständige" Frankfurter Juden. Nur eine verschwindend geringe Anzahl „deutscher Juden" standen dem Zionismus nahe. Diese „deutschen Juden", welche sich dem Zionismus anschlossen, waren die Nonkonformisten der damaligen Zeit und sie gehörten im wesentlichen zu den Kreisen der „Gemeindekonservativen", welche ihre Basis in den Synagogen am Börneplatz oder in der Unterlindau 23 hatten.

Zu einem starken Grade war ein Teil der sogenannten Frankfurter Gemeindeorthodoxie mit den

Frankfurter Zionisten personell identisch. Das Element gesetzestreuer Juden unter den Zionisten war außerordentlich groß, und Zionisten gab es fast nur bei den „Gemeinde"-Orthodoxen. Die trennungsorthodoxen Elemente der Israelitischen Religionsgesellschaft, die Liberalen oder die der Reform nahestehenden Juden der „Gemeinde" waren extrem antizionistisch.

Bei einer Diskussion — und damals gab es viele Diskussionen „pro und contra Zionismus" in Frankfurt — ist eine Äußerung des bekannten Isaac M. Mainz (aus der Königswarter Straße) von besonderem historischen Interesse. Die Familie Mainz ist jedem Frankfurter bekannt als eine alte Patrizierfamilie, welche dem Hause Rothschild als Berater und Vertrauensleute zur Verfügung standen. Bei einer Diskussion in der Königswarter Straße — so wird überliefert — soll Isaac M. Mainz gesagt haben auf typisch Frankfurter Dialekt: „Die Sach' gefallt mer ja ganz gut, aber die Chawruse*) nicht"; ein Hinweis nicht nur auf die soziologische Zusammensetzung des Frankfurter zionistischen Kreises, sondern auch auf die scharfe gesellschaftliche Trennung zwischen West- und Ostjuden in Frankfurt, und auch auf den spezifischen Stolz der alteingesessenen Frankfurter Familien. Das gesellschaftliche Element spielte über-

*) Chawruse (abwertend gemeint) von Chewra-Gesellschaft.

haupt lange Jahre bei der Entwicklung der Frankfurter zionistischen Bewegung eine Rolle. Zentrum der Zionistischen Bewegung, d. h. der Ort, wo Vereinstätigkeit sich abspielte, war der noch vorhandene Kursaal Milani (heute Odeon genannt) in der Friedberger Anlage, Seilerstraße.

Klassische Figuren der Frankfurter zionistischen Frühperiode waren Jakob L. Goitein und Fritz Sondheimer. Goitein vertrat mit besonderem Temperament konservativ-religiöse und zionistische Interessen und kann als Lokaltyp mit dem Frankfurter Zionismus identifiziert werden. Er gehörte zeit seines Lebens zu den prominenten Figuren der Synagoge am Börneplatz und war „der" Zionist in Frankfurt. Goitein stammt — wie übrigens auch die Rabbiner Markus Horovitz und Salomon Breuer — aus Ungarn. Man respektierte die Geradlinigkeit seiner Gesinnung.

Bedeutsam zu dieser Zeit, und ein Mann, dessen Erinnerung und Wirken man vor dem Vergessen schützen muß, war Martin Levigard. Ein Immobilienmakler, welcher als ein streitbarer Diskussionsredner bei jeder antizionistischen Kundgebung des Centralvereins deutscher Staatsbürger jüdischen Glaubens als „Zionist" auftrat.

In den Jahren ab 1907 begann eine zionistische Jugendarbeit und es fanden regelmäßig Veranstaltungen von zionistischen Jugendorganisationen statt.

In dieser Jugendarbeit waren besonders aktiv tätig der in Frankfurt am Main geborene Dipl.-Ing. Richard Kaufmann, welcher in Israel als Architekt auch bei der Planung im „EMEK JESREEL“ eine große Rolle spielte, (nicht zu verwechseln mit dem aus Freiburg stammenden Träger gleichen Namens, der auch als Zionist und KZVer in Frankfurt am Main aktiv war und inzwischen verstorben ist). Der in Haifa verstorbene Buchprüfer Dr. Fritz Millner, sowie der heute noch in Ramat Gan lebende Benno Kohn, und der eingangs erwähnte Hugo Wohlfahrt waren damals die Jugendführer.

Vor dem Ersten Weltkrieg wurde ein Jüdischer „Wanderbund“ gegründet, aus dem später der Zionistische Wanderbund „Blau Weiß“ entstand; in der gleichen Zeit entstand eine Zionistische Schülervereinigung, dem auch der Schreiber dieser Zeilen seit 1913 angehörte.

Schon vor dem Ersten Weltkrieg, so wird überliefert, noch während des Sprachenstreites um das Technikum in Haifa, also 1912, befand sich das Büro der Zionistischen Organisation in dem Hause Unterlindau 21 und dort befand es sich auch noch bis zur Zeit Hitlers. Neben diesem Hause war die gemeindekonservative Synagoge Unterlindau 23 (Rabbiner Dr. Jacob Horovitz).

In der Vorkriegszeit wird häufig schon der Name Nachum Goldmann genannt, der damals Schüler der

„Musterschule“ war und als zionistisches „Wunderkind“ galt. Er hat eine bedeutsame Rolle rednerisch und journalistisch im Frankfurter Zionismus gespielt.

Die journalistische Basis und propagandistische Waffe der Frankfurter zionistischen Bewegung war das „Frankfurter Israelitische Familienblatt“, welches von Saly Geis gegründet und redigiert wurde. Diese Wochenzeitung war gemeindekonservativ und zionistisch zugleich; formal jedoch der orthodox religiös zionistischen Misrachi-Bewegung zugehörig. Saly Geis war ursprünglich Kaufmann und Teilhaber der Firma Martin Wolff & Co. (Kartonagen en gros) und ist erstmals 1900 im Frankfurter Adreßbuch in der „Bergerstraße 25, Parterre“, erwähnt. Im Jahre 1904 bezeichnete er sich noch als „Kaufmann“, aber auch schon als Redakteur des Frankfurter Israelitischen Familienblattes. Das Blatt ist also offenbar im Jahre 1903 entstanden; die Nummer 1 vom Januar 1904 dieser Wochenzeitung trägt das Imprimatur: „2. Jahrgang“.

Zu den Standardfiguren der Frankfurter zionistischen Bewegung muß man auch Saly Geis rechnen.

Die Frankfurter Zionistische Organisation bekam eine wesentliche Verstärkung durch die Akademiker der zionistischen Studentenverbindungen. Es soll in diesem Zusammenhang der später sehr bekannt gewordene Hautarzt Dr. Berthold Bachrach (aus Marburg stammend — damals Assistenzarzt bei Prof. Dr.

Herxheimer) erwähnt werden, der zionistisch sehr aktiv war. Bachrach, der in der Nazi-Zeit nach Amerika auswanderte und dort starb, kam aus dem Kreis des „VJST", dem „Verein Jüdischer Studenten" in Marburg im „Bund Jüdischer Corporationen" (BJC). Zu diesem Kreis gehörte auch Dr. Martin Friedrich Rothschild, Chirurg, der lange Zeit in Israel, Kefar Yedidja, lebte, aber vor einigen Jahren in Frankfurt verstarb und auf dem neuen jüdischen Friedhof Eckenheimer Landstraße begraben ist. Seine Frau lebt heute noch in dem Henry-und-Emma-Budge-Heim in Seckbach. Das waren die Pioniere der Frankfurter zionistischen Urzeit. Hinzugerechnet werden muß der aus Ungarn gebürtige Dr. Lajos (Ludwig) Szametz aus Bad Vilbel (Akademiker aus dem „KZV"), der häufig nach Frankfurt kam und die zionistische Bewegung hier stimulierte.

Die Zionisten versammelten sich damals häufig im „Kaffee Bauer" in der Schillerstraße, wo es nicht nur zionistische und jüdische Zeitungen und Zeitschriften aus aller Welt zu lesen gab, sondern sich auch ein zionistischer Stammtisch befand.

Die obligatorischen „Anti-Zionisten" der damaligen Zeit waren der Vorsitzende des Centralvereins deutscher Staatsbürger jüdischen Glaubens, der aus Heppenheim stammende Orthopäde Dr. Max Mainzer, Justizrat Dr. Auerbach und der Rechtsanwalt Dr. Richard Merzbach (liberaler Gemeindevertreter).

Das Problem der Frankfurter Zionistischen Organisation, so grotesk das heute klingt, war damals, in Frankfurt „gesellschaftsfähig“ zu werden. Der erste Durchbruch gelang vor 1912 mit dem Beitritt des Bankiers Jacob Wolff zur Zionistischen Ortsgruppe. Wolff, der in der Leerbachstraße wohnte, — er stammt aus Aurich — hat im zionistischen und im Gemeindeleben von da an eine bedeutsame Rolle gespielt. Er starb in Palästina (Israel).

Zu dieser Zeit kam auch Dipl.-Ing. Nathan Grünstein in den Kreis der Frankfurter Zionisten. Grünstein war russischer Jude, ein bedeutender Chemiker und Erfinder, der bei den Höchster Farbwerken (I.G.-Farben) tätig war, führte später mit dieser Firma einen Prozeß wegen angeblicher Patentverletzungen fanatisch und mit Erfolg. Nathan Grünstein war jahrelang Vorsitzender der Frankfurter Zionistischen Vereinigung.

Ein schwerer Schlag für die Frankfurter Zionistische Organisation war im Jahre 1914 der Tod des Präsidenten der Zionistischen Weltorganisation David Wolffsohn, der in Bad Homburg v. d. Höhe im Sanatorium Dr. Pariser verstarb.

Als Redner erschienen in Frankfurt häufig der Bonner Rabbiner Dr. Emil Cohn, der wegen seiner zionistischen Gesinnung in Berlin als Rabbiner entlassen wurde und der Berliner zionistische Führer Rechtsanwalt Dr. Alfred Klee.

Zur Zeit des Sprachenstreites an dem Technikum in Haifa vor dem Ersten Weltkrieg gab es große Auseinandersetzungen zwischen Zionisten und Antizionisten. Kurt Blumenfeld sprach erstmalig in der „Börse“ — damals ohne großen Erfolg. Späterhin spielte der Saal der Börse bei zionistischen Massenversammlungen, in denen Kurt Blumenfeld und Dr. Nachum Goldmann auftraten, eine große Rolle.

Während des Weltkrieges, im Januar 1917, kam es zu einer weiteren Verstärkung der zionistischen Tätigkeit durch die Gründung eines KJV-Stammtisches in Frankfurt, aus dem dann die Zionistische Studenten-Korporation, die Verbindung jüdischer Studenten „SARONIA“ entstand. (Dr. Max Nürnberg, später Handelsredakteur der „Frankfurter Zeitung“ —, Dr. Arthur Rosenblatt gehörten — ebenso wie der Schreiber dieser Zeilen — dem Stammtisch an.) Dem Schreiber dieser Zeilen ist auch noch in Erinnerung die GE'ULAH-Feier in der „Frankfurt-Loge“ in der Eschersheimer Landstraße 27 im Jahre 1917 aus Anlaß der Balfour-Deklaration. Es war dies damals ein gewagtes Unterfangen, da sich Deutschland mit den Alliierten im Krieg befand und die Balfour-Deklaration schließlich von englischer Seite ausging.

Unter den Rednern, welche in Frankfurt häufig auftraten, befand sich auch der bekannte Wirtschaftler Bankier Julius Simon aus Mannheim, der später in der Brandeis-Gruppe in den Vereinigten Staaten eine große Rolle spielte.

Es darf ergänzend noch erwähnt werden, daß eine sehr große Rolle beim Aufbau der Zionistischen Bewegung in Frankfurt der hebräische Sprachlehrer S. H. Goldmann spielte, welcher lange Jahre im Vorstand der Zionistischen Vereinigung war und regelmäßiger Mitarbeiter der Zeitung von Saly Geis („Geis-Blättchen") gewesen ist. S. H. Goldmann war — wie oben erwähnt — der Vater von Dr. Nachum Goldmann.

Mit der Balfour-Deklaration (2. 11. 1917) trat eine Periode des Umbruchs in der zionistischen Entwicklung auch in Frankfurt ein. Mit dieser Deklaration wurde der Zionismus konjunkturmäßig modern; viele Personen aus dem deutsch-jüdischen Milieu wurden damals Mitglieder der Zionistischen Organisation. Besonders bedeutsam war der Eintritt von Ernst Kahn und Fritz Naftali, beide damals in der Frankfurter Zeitung tätig; sie beide spielten in der Politik und der Wirtschaft in Palästina und Israel später eine große Rolle.

Es wurde damals modern, Zionist zu werden, und dieser zahlenmäßige Aufschwung der zionistischen Bewegung war ein Durchbruch zur Massenbewegung, wenngleich die Altzionisten mit einer gewissen Überlegenheit auf die sogenannten „November-Zionisten" herabsahen.

In der Handelsredaktion der Frankfurter Zeitung waren zu dieser Zeit übrigens noch zwei „alte" Zionisten als Redakteure tätig. Es waren dies Fritz Nachmann und Dr. Max Nürnberg (beide waren „KJV"er!).

Es kann keine Geschichte der Frankfurter zionistischen Bewegung geschrieben werden, ohne auf verschiedene Namen hinzuweisen, die manchen alten Frankfurtern heute noch in Erinnerung sein mögen. Da war der unermüdliche David Hamburger, gewissermaßen das Faktotum der Frankfurter Zionistischen Vereinigung, es waren die Jugendführer Jacob Herzberg und Jacob Dränger. Letzterer kehrte nach 1945 nach Frankfurt zurück; er verstarb in Paris und ist in Frankfurt am Main begraben. Fritz Selka hat es verdient, erwähnt zu werden, ebenso der Führer des jüdischen Turn- und Sportvereins „Bar Kochba" Georg Freudenstein, in dem später noch Georg Rosenberg und Hugo Hecht eine Rolle gespielt haben.

In der Zeit des zionistischen Durchbruchs, in der Periode der Balfour-Deklaration, wurde auch der bekannte Rechtsanwalt und Notar Dr. Hugo Emmerich — aus Bad Homburg stammend — Zionist. Er siedelte zur Hitlerzeit nach Holland über. Emmerich war lange Jahre als Zionist (Jüdische Volkspartei) im Vorstand der Gemeinde tätig; ebenso wie im Vorstand der Frankfurter Zionistischen Vereinigung.

Die Zeit nach der Balfour-Deklaration in den

20er Jahren war überhaupt die Konjunkturzeit der Frankfurter zionistischen Bewegung. Damals kam der englische Parlamentarier Wedgwood nach Frankfurt, um für die Umwandlung Palästinas in ein Britisches Dominium einzutreten. Er tat das bei einer Veranstaltung im „Frankfurter Hof".

Dr. Paul Nathan vom Hilfsverein der deutschen Juden sprach im Volksbildungsheim damals nach dem Ersten Weltkrieg vor 1000 Personen, holte sich aber bei den Zionisten in der Diskussion eine unvergeßliche Abfuhr.

Aus dem Frankfurter Israelitischen Familienblatt ergibt sich, daß schon im Jahre 1904 regelmäßig Vorträge und Mitgliederversammlungen der Zionistischen Vereinigung stattfanden, und daß am 12. 2. 1904 unter dem Vorsitz von Saly Geis ein hebräischer Sprachverein gegründet wurde, der sich im Hermesweg 25 befand. Vorträge über „Glauben und Zionismus" von dem Alt-Zionisten Arzt Dr. Kalmus — Lübeck — später in Palästina, Bath Yam, fanden im Jahre 1904 statt. Ebenfalls im Jahre 1904 sprach Dr. Alfred Klee in der Frankfurt-Loge vor immerhin 600 Menschen über das Thema „El Arisch — Uganda". Diese Versammlung war deshalb bemerkenswert, weil sie zeigt, daß nach 6jährigem Bestehen es in Frankfurt den Zionisten möglich war, 600 Personen zu einer Versammlung zu mobilisieren. Den Vorsitz hatte damals Fritz Sondheimer und man ver-

Die „neue“ Synagoge der Israelitischen Religionsgesellschaft an der Friedberger Anlage 1908-1938.

Die wiederhergestellte „Westendsynagoge“ (konservativer Ritus)
in der Freiherr-vom-Stein-Straße, um 1960 (früher die liberale Synagoge
in der „Königsteiner Straße“).

zeichnete unter tosendem Beifall die Anmeldung von 30 neuen Mitgliedern.

Es fanden regelmäßig Wahlen zu Delegiertentagen und Kongressen statt. Immer wieder werden als Delegierte die Namen Fritz Sondheimer und J. L. Goitein erwähnt.

Wie ein Schock kam im Jahre 1904 die Meldung, daß Theodor Herzl nicht unbedenklich erkrankt sei, und am 8. Juli 1904 erschien die Trauernummer des Frankfurter Israelitischen Familienblattes mit der Feststellung: „Ein Fürst, ein Großer ist heute in Israel gefallen." Bei der Trauerfeier am 14. Juli 1904 hielt Assessor Dr. Adolf Friedemann, Wiesbaden, die Trauerrede. Es sprachen außerdem Reverend Wise aus Cincinatti, J. L. Goitein und Fritz Sondheimer.

Am 9. 9. 1904 wird berichtet, daß die Zionistische Organisation in Frankfurt als erste Rate den Betrag von 1700 Mark als „Nationalgeschenk" für die Kinder Herzls nach Wien gesandt hat. Unter den Spendern sind u. a. erwähnt: Fritz Sondheimer (Tellus A.G.) mit 500,— Mark, Louis Feist, Seniorchef des Hauses Beer-Sondheimer); auch der sehr populäre Direktor der Frankfurter „Deutsche Effecten- und Wechselbank" Karl Herzberg, trug dazu mit 100,— Mark bei.

Im Jahre 1904 machte sich auch die Tätigkeit der Zionisten, welche in der Misrachi-Ortsgruppe organisiert waren, bemerkbar. Vorsitzender und führend tätig war der im jüdischen Leben Frankfurts eine große Rolle spielende — und viele Beschneidungen durchführende (Mohel-Askan) — Jacob S. Posen aus der alten Frankfurter Familie Posen, Fichtestraße 5. Er war von Beruf Börsenmakler und eine der Säulen der Börneplatz-Synagoge. Übrigens hat auch in dieser Misrachi-Ortsgruppe der Lehrer Ehrmann aus Friedberg oft Vorträge gehalten.

Noch im Jahre 1904 war Fritz Sondheimer erster Vorsitzender der zionistischen Ortsgruppe, und regelmäßig werden jetzt Sammlungsergebnisse für den Jüdischen Nationalfonds veröffentlicht.

Namen, die damals im Vorstand genannt werden, waren Friesländer, Lehrer Gans, Ing. Feingold, Dr. med. Hanau, außerdem als zweiter Vorsitzender J. L. Goitein.

Im November 1904 teilte die Nationalfonds-Kommission mit, daß Nationalfonds-Marken erhältlich seien: „auch bei dem Schüler Nachum-Goldmann".

Die regelmäßigen Spenden-Ausweise der Nationalfonds-Zahler sind deshalb von Bedeutung, weil sie zeigen, daß die Zahl der beitragenden Spender ständig im Wachsen war und immer neue Kreise prozionistisch wurden.

Die Vereinstätigkeit war regelmäßig und kann im einzelnen nicht erwähnt werden, wenn nicht der

Rahmen dieses Berichtes noch mehr gesprengt werden soll.

Immerhin ist zu registrieren, daß bei einem Rezitationsabend am 10. November 1904 „Heinrich York-Steiner“ aus Wien im großen Saal der Börse erfolgreich war. Man ging damals bei der Nationalfonds-Sammlung dazu über, auch Stanniolpapier zu sammeln und es wird S. Niederhofheim aus der alten Frankfurter Familie erwähnt, der 1 Kilo Stanniolkapseln abgeliefert habe. So klein, aber ebenso idealistisch waren die Anfänge.

Die Berichte erfolgten durch A. Reinhardt, der Nationalfonds-Kommissar war und dessen Adresse mit Röderbergweg 87 angegeben wurde, also offenbar im Israelitischen Waisenhaus tätig war.

Am 19. Dezember 1904 mußte aus beruflichen Gründen und aus Zeitüberlastung Fritz Sondheimer, ein Gentleman und Patrizier, für jeden, der ihn kannte, als erster Vorsitzender der Zionistischen Organisation zurücktreten (Frau und Tochter leben jetzt in den USA). An seine Stelle trat J. L. Goitein, Fritz Sondheimer blieb jedoch weiterhin Beisitzer im Vorstand.

Der Nationalfonds-Vorstand setzte sich in dieser Zeit zusammen aus den Herren Louis Kahn jr. (Glasermeister), Saly Geis, Leopold Oppenheimer u. a.

So klein die Zionistische Ortsgruppe in Mannheim war, so bedeutsam war sie an Persönlichkeiten.

Der dortige Arzt Dr. J. Moses sprach in Frankfurt am Main im Jahre 1905 über „das Judentum und der Zionismus". Aus einer Diskussion aus dem Jahre 1905 geht hervor, daß Fritz Sondheimer stark gegen die Jewish Colonization Association (ICA) auftrat und sich gegen ein Zusammengehen mit Assimilationsjuden aussprach.

Die Zionistische Organisation ergriff im Jahre 1905 die Initiative zur Errichtung einer jüdischen Frei-Bibliothek und Lesehalle.

Aus der Nationalfondsliste der damaligen Zeit ersieht man, daß alte Frankfurter wie Hackenbroch und der Arzt Dr. Feuchtwanger (Sandweg) Mitglieder der Zionistischen Bewegung wurden.

In diesen Jahren wurden Vorträge registriert über „Moses Hess als Vorkämpfer des Zionismus", Berichte über Palästina-Reisen und „die Landfrage im Zionismus". Man liest Aufrufe zum Erwerb des „Schekels"; man liest Aufrufe an die jüdischen Schüler, sich den zionistischen Studentenkorporationen anzuschließen. Die zionistische Versammlungstätigkeit war im Ostend besonders intensiv, und Versammlungen im Hotel Diehl, damals Hanauer Landstraße 38, waren immer voll besucht. Man diskutierte besonders stark das Problem der ITO und die Beziehungen des Zionismus zu den territorialistischen Ideen von Zangwill (ITO).

Nach den russischen Pogromen veranstaltete die

Zionistische Organisation in Frankfurt am Main am 19. Januar 1906 in der Frankfurt-Loge einen Jüdischen Abend zugunsten der „unglücklichen" Brüder in Rußland. Hinzugefügt wird: „Man erwarte daher, daß auch die nichtzionistischen Kreise sich zahlreich beteiligen werden."

Der Zahnarzt Hugo Schachtel aus Breslau erließ einen Aufruf, Kinder, welche Opfer der Pogrome in Kischenew waren, aufzunehmen. Nachum Goldmann stellte seinen Gewinn bei einem Chanukka-Lotto-Spiel bei der Familie Wolpe dem Jüdischen Nationalfonds zur Verfügung! Im Jahre 1906 — offenbar ging es nicht anders — wurde Fritz Sondheimer wieder erster Vorsitzender der Zionistischen Organisation in Frankfurt.

Man plante im Jahre 1906 eine Chanukka-Feier in der Frankfurt-Loge mit Nachum Sokolow, der aber plötzlich absagte. An seiner Stelle sprach Rechtsanwalt Max Bodenheimer aus Köln, und die Tochter von J. L. Goitein, Fräulein Sitta Goitein — später die Frau von Dr. Fritz Millner in Haifa — rezitierte in hebräischer Sprache.

Am 16. 4. 1907 sprach Schmarjahu Lewin über die russischen Juden im „Kaufmännischen Verein". Er schloß sein Referat mit den Worten: „Die Juden werden gezwungen sein, einen Staat zu gründen."

Die Zionisten stellten damals in einer Versammlung 1907 fest, daß das Philanthropin keine jüdische

Schule sei; das Schul-Programm sei „assimilationistisch“.

Man darf darauf aufmerksam machen, daß die nichtzionistische Palästina-Aktivität in Frankfurt immer sehr bedeutsam war, und daß im August des Jahres 1907 in Frankfurt a. M. ein Palästinensischer Hilfsverein gegründet wurde „Lema'an Zion“, dessen geschäftsführender Ausschuß sich aus folgenden Persönlichkeiten zusammensetzte: Rabbiner Dr. Markus Horovitz, Prof. Dr. Josef Werner, Wilhelm Posen, Hermann Cramer, Eli Michael, Louis Feist, Jacob Dahlheim und Heinrich Bondi, alles prominente Persönlichkeiten, die offiziell als Nichtzionisten galten und zu den Gemeindeorthodoxen gehörten. Auch gab es immer Sammlungen für das Krankenhaus „Schaarei Zedek“ in Jerusalem. Hier muß auch die Aktivität der deutsch-holländischen Palästina-Verwaltung erwähnt werden (PEKIDIM und ARMAKALIM). Diese Chalukka-Sammlung wurde durch den Arzt Dr. Hugo Salvendi (Oederweg) durchgeführt.

Im September 1907 wird ein Vortrag des Dichters S. Goldfaden im Hotel „Zum König von England“ gemeldet. Der bekannte Orientalist, Prof. Dr. Josef Horovitz — später Hebräische Universität (Sohn des „Protest“-Rabbiners Markus Horovitz) — erschien erstmals als Spender für den Jüdischen Nationalfonds.

Im September 1907 erfolgte der Initiativ-Aufruf zur Gründung eines jüdischen Turnvereins in Frankfurt am Main, und im Rechneigrabensaal sprach im Oktober 1907 der unvergeßliche David Trietsch aus Jaffa über „die wirtschaftliche Entwicklung Palästinas".

1907 ging man dazu über, einen Zionistischen Gruppenverband in Hessen und Hessen-Nassau zu gründen. Es waren darin vertreten Zionisten aus Usingen, Wiesbaden, Fulda, Alsfeld, Marburg, Mainz, Ober-Ingelheim und Geisa.

Im November 1907 wurde auf Initiative von Martin Levigard, Frankfurt am Main, eine Zionistische Ortsgruppe in Fulda mit 44 Mitgliedern gegründet, gegen den Widerstand des ultraorthodoxen Provinzial-Rabbiners Dr. Michael Cahn aus Fulda, der im Zionismus eine Gefahr für das Judentum sah. Fulda wurde damals als Diözese „Cahn" bezeichnet; die Juden dort wählten „Zentrum".

Im Dezember 1907 nahmen die Frankfurter Zionisten zum ersten Mal an den Wahlen zu den Vertretungskörperschaften der „Israelitischen Frankfurter Gemeinde" teil, ohne eine eigene Liste aufzustellen. Man unterstütze die nahestehenden, konservativen Kreise. Im Jahre 1915 werden als Vorstand des Jüdischen Turnvereins erwähnt neben Georg Freudenstein die Herren Harry Goitein (Sohn von J. L. Goitein), Karl Rosenheimer. Ab 1915 wurde Nachum

Goldmann journalistisch immer mehr aktiv als Mitarbeiter des Frankfurter Israelitischen Familienblattes. Er schrieb gegen die Rassen-Theorie von Karl Kautsky in einer Fortsetzungsserie: Die Assimilationspredigt des Herrn Kautsky.

Damals schrieb sein Vater S. H. Goldmann „Über das Wesen des Judentums“ und Nachum Goldmann schrieb ein Essay über J. L. Perez. Das war auch die Zeit, in der Nachum Goldmann die Jugendsünde begann, über „Den Geist des Preußischen Militarismus“ zu schreiben. Worüber auch in der Ausgabe vom Oktober 1916 des Frankfurter Israelitischen Gemeindeblattes einiges nachzulesen ist.

Professor Heinrich Löwe sprach in Frankfurt 1915 über jüdisch-deutsche Sprache im „Steinernen Haus“.

Der große Aufschwung der zionistischen Bewegung in Frankfurt erfolgte in den zwanziger Jahren bis zur Zeit Hitlers. Darüber gibt es genügend Quellenmaterial in dem Frankfurter Israelitischen Gemeindeblatt der damaligen Zeit.

Es gab nicht nur die Frankfurter Zionistische Vereinigung mit nahezu 600 Mitgliedern, eine Frauengruppe, eine Zionistische Jugendgruppe, sondern auch religiöse Zionisten waren organisiert in dem Misrachi, der ebenfalls seine Jugendgruppe hatte, alle zionistischen sozialistischen Parteien waren durch Ortsgruppen vertreten; es gab 2 zionistische Studentenverbindungen, eine davon war der Ruderverein jüdischer Studenten „Jordania" in Frankfurt. Es gab einen Bar-Kochba, es gab eine Revisionistische Organisation mit 2 Jugendgruppen (BRITH TRUMPELDOR und Zéire Misrachi-Revisionisten „ZEMER").

Die Zionisten beteiligten sich zu dieser Zeit direkt an den Wahlen zu den Körperschaften der Israelitischen Gemeinde. Die zionistischen Vertreter (genannt „Jüdische Volkspartei") bildeten mit den konservativen Vertretern nahezu die Hälfte aller Gemeindevertreter, wenngleich die Liberalen eine knappe Majorität aufweisen. In dieser Zeit erfolgt auch eine Aufweichung des radikalen antizionistischen Standpunktes der Trennungsorthodoxen „Israelitischen Religionsgesellschaft", in der sich Jacob Rosenheim immer mehr den zionistischen Gedankengängen näherte. Auch in den liberalen Kreisen wurden die zionistischen Einflüsse stärker. Leute wie Eduard Strauss, Franz Rosenzweig waren keineswegs Antizionisten, wenn auch formal nicht zionistisch.

Bedeutsam für die zionistische Bewegung war der Rabbiner Dr. N. A. Nobel und der Kreis, der sich um das Frankfurter Lehrhaus bildete, und zu dessen Schülern Professor Dr. Ernst Simon, Professor Fritz Goitein, Professor Dr. Nachum Glatzer u. a. gehörten.

Mit dem Aufkommen der Hitlerbewegung wurde naturgemäß der zionistische Sektor im Frankfurter

Judentum immer stärker und nach 1933 gab es praktisch kaum einen Unterschied zwischen Zionisten und Nichtzionisten, nachdem sich vorher sogenannte „Nichtzionisten“ der Palästina-Bewegung in dem neutralen Keren Hayessod angeschlossen hatten und in der erweiterten „Agency“ vertreten waren.

Das ist die Vergangenheit, alles andere ist beinahe schon oder noch Gegenwart.

Diese zionistische Geschichte wäre „trocken“, wenn sie nicht durch „Silhouetten“ personalisiert würde. Das macht sie komplett und lebendig. Das sind die „Erinnerungen“, die nachzutragen sind.

Erinnerungen

Wladimir Jabotinsky trat zweimal in Frankfurt als Redner auf. Das erste Mal um das Jahr 1924 herum, und zwar im Saalbau, der damals in der Junghofstraße stand, einem der größten Frankfurter Säle. Es gab damals in Frankfurt noch keine Revisionisten, und wenig Menschen, die in Beziehung zu Jabotinsky standen. Diese Veranstaltungen wurden von einem Impresario, einem russischen Juden (Spann) „kommerziell“ aufgezogen. Jabotinsky sprach vor einem vollen Auditorium im „Smoking“. Das Charakteristische war nicht nur die Rhetorik in seiner Rede, sondern auch der Umstand, daß er seine Vorlesung in zwei Hälften hielt, unterbrochen mit einer Pause von

15 Minuten. Es war dies eigenartig und beinahe so etwas wie das Auftreten eines Künstlers.

Jabotinsky wohnte in dem damals noch bestehenden Hotel „Imperial“ an der Taunusanlage, Ecke Bockenheimer Landstraße, und dort traf ihn der Schreiber dieser Zeilen nach dieser Veranstaltung. Es war morgens nach 4 Uhr, als Jabotinsky es gelang, mich von dem „Legionismus“ zu überzeugen und aus einem „Radikalen Zionisten“ einen „Revisionist“ zu machen. Ich hatte Hemmungen gegen den sogenannten „Militarismus“ der revisionistischen Bewegung, aber Jabotinsky überzeugte schließlich, daß gerade dieser Legionismus den Trennungsstrich darstellte, den charaktermäßig den Revisionisten von den anderen Zionisten unterscheiden würde. So wurde ich Revisionist.

Das zweite Mal trat Jabotinsky, in späteren Jahren, dann schon im Rahmen der Revisionistischen Ortsgruppe Frankfurt am Main in einem sehr erfolgreichen Meeting im Zoologischen Garten auf.

Auch Kurt Blumenfeld war häufig Gast in Frankfurt; ideologisch ein Gegner des Revisionismus, unterhielt ich mit ihm die besten persönlichen Beziehungen. Unvergeßlich werden die Abende im „Frankfurter Hof“ bleiben, wenn Blumenfeld, ein kulinarischer Conoisseur, über französische Weinsorten nicht nur „dozierte“. Blumenfeld war häufig hier in Versammlungen und Delegiertentagen aktiv. Besonders bedeutsam war sein Auftreten Mitte der 20er Jahre im Börsensaal, als er mit Nachum Goldmann über „Die jüdische Frage und der Zionismus“ sprach und sich bei einem vollen Auditorium mit den zum Teil antisemitischen Zuhörern auseinandersetzte. Der Abend war ein Erfolg.

In dieser Zeit oblag es dem Schreiber dieser Zeilen, der damals der Vorsitzende der Frankfurter Zionistischen Vereinigung war, diese Veranstaltungen zu organisieren und zu leiten.

Es sei darauf hingewiesen, daß ich nach der Aktivität in der „Verbindung Jüdischer Studenten Saronia“ der FZV (Frankfurter Zionistische Vereinigung) angehörte und dieser Organisation in den Jahren 1925 und 1926 als Vorsitzender diente. Dem Vorstand gehörte ich von 1919-1933 an. Einige Jahre vor der Hitlerzeit wurde ich als zionistischer Repräsentant in die Gemeindevertretung delegiert und gehörte der Fraktion der „Jüdischen Volkspartei“ an. Diese Fraktion hatte einen bedeutenden Einfluß auf das jüdische Gemeindeleben kurz vor der Hitlerzeit ausgeübt und erreichte von der Gemeinde damals schon die Zahlung eines Beitrages für den Keren Hayessod.

Bei allen diesen Aktivitäten spielte Dr. Fritz Millner eine sehr große Rolle.

Die pointierteste zionistische Persönlichkeit im jüdischen Gemeinedeleben war der aus Wiesbaden stammende Rechtsanwalt Julius Simon, der später unter tragischen Umständen ums Leben kam.

Sekretärin des Keren Hayessod war die aus Elberfeld stammende Käthe Pomeranz und der Sekretär der Zionistischen Organisation war der heute noch in Israel lebende Dr. Hans Pomeranz.

Die „Unterlindau 21“, ein Begriff; sie war faktisch das Zentrum des Jüdischen Lebens in Frankfurt am Main.

Aus der Jugendbewegung stammend, war Ernst Fränkel, der heute führend in der Zionistischen Organisation in England ist, tätig. Sein Onkel, der Inhaber der Firma Z. A. Fränkel, hieß Sal. Stiebel und war ein „Stamm“-Zionist, der aus der Geschichte des Frankfurter Zionismus nicht wegzudenken ist. Ebensowenig wie Frau Paula Frenkel (jetzt Jerusalem). Sie war im Vorstand der Israelitischen Gemeinde Frankfurt am Main tätig. Ihr Sohn kehrte nach dem Zweiten Weltkrieg nach Frankfurt zurück.

Frankfurt war Anfang der 20er Jahre das geistige Zentrum des Judentums in Deutschland und dabei spielte der im Jahre 1922 verstorbene Rabbiner Dr. Nehemia Anton Nobel, ein Goetheforscher von Format, eine große Rolle.

Nobel war konservativer Gemeinderabbiner in der Synagoge am Börneplatz und bekannte sich offiziell zum Zionismus.

Zu seinem Kreis — und er verstand es, einen Kreis zu schaffen — gehörten damals Dr. Erich Fromm, Prof. Dr. S. D. (Fritz) Goitein (Jerusalem), Prof. Dr. Ernst Simon, Prof. Nachum Glatzer und Prof. Dr. Walter Fischel, um nur ganz wenige Namen zu nennen.

Alle diese Namen sind heute in der jüdischen Welt bekannt. Sie standen unter dem Einfluß dieses Rabbiners.

Der Verfasser dieses Buches hatte die Ehre, diesem Kreis nahegestanden zu haben und Dr. Nobel als Lehrer betrachten zu können. Die Bedeutung dieses Frankfurter Kreises kann überhaupt nicht überschätzt werden.

Parallel mit dieser Entwicklung wurde im Jahre 1919 die Gesellschaft für Jüdische Volksbildung gegründet, und zwar durch den Rabbiner Dr. Georg Salzberger, jetzt London

Der Vorlesungsbetrieb wurde am 22. Februar 1920 mit einer Feier eröffnet, bei der Dr. Nobel über ein Kapitel aus der Geschichte der Kabbala sprach. Auch diese Gesellschaft war ein zionisierender Faktor in Frankfurt und diese Gesellschaft war der Wegbereiter für die Begründung des Freien Jüdischen Lehrhauses in Frankfurt. Im Sommer 1920 wurde Franz Rosenzweig aus Kassel nach Frankfurt gerufen und mit ihm vereinigte sich später Martin Buber.

Die Führung dieses Lehrhauses hatte der aus Kassel stammende Kunsthistoriker Dr. Rudolf Hallo.

Das Lehrhaus wurde nach dem Machtantritt Hitlers geschlossen, aber am 15. November 1933 durch Martin Buber wieder neu eröffnet. Mit der Geschichte dieses Lehrhauses und mit der Gesellschaft für Jüdische Volksbildung war es im November 1938 zu Ende.

Eine nicht unerhebliche Rolle in Frankfurt spielten auch die Söhne des früheren konservativen Rabbiners Dr. Markus Horovitz. Es waren dies der Orientalist Prof. Dr. Joseph Horovitz, der Augenarzt Dr. Isaak Horovitz, der Gemeinderabbiner Dr. Jakob Horovitz, der Rechtsanwalt Abba (Abraham) Horovitz, der Ziseleur Leo Horovitz und der Juwelier Felix Horovitz.

Im Frankfurter zionistischen Leben hatten immer die zionistischen Studenten, die das zionistische Leben in Frankfurt intellektuell beeinflußten, ihren wichtigen Standort.

In der Anfangszeit war das besonders Erich Fromm, heute ein weltberühmter Psychoanalytiker und Schüler Freuds, der an der Universität in Mexiko als Professor wirkt. Im Gegensatz zu den anderen Intellektuellen des Nobelschen Kreises, ist er dem zionistischen Gedanken fremd geworden.

Niemand macht sich eine Vorstellung, wie stark die Strahlungskraft war, die von Frankfurt, dem

„Neuen Jerusalem“ und seiner Lehre ausging. Es war eine lange Zeit direkt „fashionabel“, Zionist zu sein. Das war die Zeit, in der liberale jüdische Intellektuelle wie Dr. Paul Schopflocher, Dr. Carl Dreyfuss und Dr. Kurt Stavenhagen zum Zionismus stießen.

Viele dieser Personen sind vergessen. Das waren aber die „Pommerschen Grenadiere“, mit deren „Knochen“ der Frankfurter Zionismus aufgebaut wurde.

Frankfurt war nicht nur in der jüdischen Welt führend, sondern hatte auch eine prädominierende Bedeutung in der zionistischen Weltbewegung.

Wie fing es denn eigentlich an? Darüber habe ich berichtet. Aber ergänzend muß gesagt werden, daß es eine heroische Leistung war, im Jahre 1914 eine Zionistische Schülervereinigung zu gründen, aus der dann einige Jahre später die Jüdische Schülervereinigung Frankfurt am Main entstand, dem alle jüdischen Schüler der verschiedensten politischen Schattierungen angehört haben. Man kämpfte noch mit dem Säbel bei der Mensur um „unbedingte Satisfaktion“ in den zionistischen Studentenverbindungen. Nach dem Ersten Weltkrieg verzichtete man darauf, da man diese Form der studentischen Ehrverteidigung als unjüdisch empfand. Aber schön war die Zeit, als man in der Waldschmidtstraße in einer Kneipe zum Fechten antrat als zionistischer Student oder in der Nähe des Doms in der Altstadt Studentenkommerse mit zionistischen Liedern feierte. Da trat auf als Erstchargierter der heute in New York im „Aufbau“ tätige, aus Straßburg stammende Rechtsanwalt Alfred Moser. „Haju Smanim“; das waren Zeiten!

Der Zionismus war damals kämpferisch, und es gab auch häufig Zusammenstöße in diesem Kampf; zwei davon sollen registriert werden.

Bei einer Kundgebung des Zentralvereins deutscher Staatsbürger jüdischen Glaubens Anfang des Jahres 1920 sprach im Volksbildungsheim Dr. Paul Nathan gegen den Zionismus. Selbstverständlich war es Ehrenpflicht — auch des Unterzeichneten — in der Diskussion sich zu Wort zu melden. Noch in Erinnerung ist der große Erfolg der Diskussionsrede, bei der — zugegeben nicht ohne eine gewisse Arroganz — der Schreiber diese Zeilen begann: „Wir müssen sagen, daß uns die Ausführungen des Referenten sehr enttäuscht haben.“ Als dann zahlreiche Zwischenrufe kamen: „Wer ist ‚wir‘? sagte der Diskussionsredner: „‚Wir‘, das bin ich und alle diejenigen, welche der gleichen Meinung sind wie ich.“ Das Echo war ein großes Gelächter, aber damit war die Schlacht gewonnen. Immerhin darf darauf hingewiesen werden, daß der Diskussionsredner damals 20 Jahre alt war und der Referent 70 Jahre.

Als im Jahre 1932 im Volksbildungsheim bei einem zionistischen Delegiertentag die Vertreter des offiziellen Zionismus den Revisionismus als Faschismus bezeichneten und als militaristisch, wurde dieser Delegiertentag durch die anwesenden revisionistischen Jugendlichen nahezu gesprengt.

Das zeigt, wie lebendig das Frankfurter Jüdische Leben vor 1933 war. Allerdings gab es damals 28 000 Juden in Frankfurt, davon waren wahrscheinlich 5-6 Prozent zionistisch gestimmt.

Es wäre schade, wenn alles das in Vergessenheit geraten würde, und daher war diese Niederschrift geboten.

Als die Straßen umbenannt wurden

Mit dem Börneplatz fing es an

Die Verbrennung der Bücher solcher Schriftsteller, die „als dem deutschen Interesse abträglich" im Jahre 1933 auf eine Proskriptionsliste kamen, ist noch gut in Erinnerung. Man hat die Bücher damals auf einem Ochsenkarren zum Richtplatz geschleift. Das war seit dem Mittelalter in Frankfurt nicht gerade neu. Das Bild erinnert an die Zeit des sechzehnten Jahrhunderts, in der das „jüdische" Schrifttum getroffen werden sollte; damals wurden von dem

Renegaten Johann Pfefferkorn mehr als eintausendfünfhundert wertvolle Bücher „konfisziert", um verbrannt zu werden. Mit viel Mut konnten das der Mainzer Erzbischof und der ruhmreiche Humanist Reuchlin gegen den Widerstand der Dominikaner verhindern. Auch Goethe war in seiner Jugendzeit noch Zeuge einer solchen Bücherverbrennung, als auf offenem Markte Schriften durch den Henker, assistiert von einem Notar und zwei Zeugen, in Frankfurt mit großem Pomp verbrannt wurden. Über ein solches Autodafé berichtet er im vierten Buch von „Dichtung und Wahrheit", „daß es wirklich etwas Fürchterliches hatte, eine Strafe an einem leblosen Wesen ausgeübt zu sehen".

Als im Jahre 1933 auch in Frankfurt die Straßen für die braunen Bataillone frei wurden, begann dann ein anderes, weniger spektakuläres Autodafé der nach „Nichtariern und Parlamentariern des alten Systems" benannten Straßennamen. Dieser sich jahrelang hinziehende Kampf gegen „leblose Wesen" war keineswegs stets ein kompromißloser „Glaubensakt" (das ist nämlich die wörtliche Übersetzung von Autodafé), sondern er hatte viel mit „schnödem Mammon" zu tun. Der Bericht des Bauamtes der Stadt an den Oberbürgermeister vom 3. Februar 1935, Tagebuchnummer 2338, die Umbenennungen betreffend, besagte in vielen Fällen ausdrücklich: „Vorlage hat keine geldliche Auswirkung."

In dem Vorschlag der sofort umzubenennenden Straßen befanden sich an der Spitze einer Liste damals sehr zeitgemäß der Börneplatz und die Börnestraße. Die Begründung war sehr einfach: „Börne ist Jude und hat sich in Wort und Schrift gegen das Deutschtum vergangen." — Ludwig Börne — er hieß ursprünglich Baruch — war ein Kind der Frankfurter Judengasse und gilt als Begründer des deutschen „Feuilletons". In seinen „Briefen aus Paris" machte er nach 1830 seinem Unmut über fehlgeschlagene Hoffnungen Luft, aber es offenbarte sich auch sein Patriotismus. „Ja, ich wünsche ein Vaterland heißer als Ihr — nur das ganze große Vaterland genügt mir, so weit seine Sprache reicht." Börne, seit dem 5. Juni 1818 protestantischer Christ, war einer der bedeutendsten Söhne Frankfurts, und für ihn war der Patriotismus etwas „Angeborenes, Natürliches und Heiliges".

Der Börneplatz wurde zum Dominikanerplatz; er blieb es bis zum heutigen Tage — sicher nicht dem Genius loci des „alten Judenmarktes" entsprechend; die frühere Börnestraße — die alte Judengasse — ist verschwunden. Nur eine Sackgasse mit wenigen Häusern an der Konstablerwache trägt jetzt wieder die alte Bezeichnung Börnestraße.

Es war auch nahezu „selbstverständlich", daß die Heinestraße sofort umbenannt wurde; sie hieß während der Nazizeit Rudolf-Jung-Straße. Das Heine-

Denkmal konnte gerettet werden; es ist in der Taunusanlage wieder aufgestellt worden. Heines „Loreley“ wurde im Dritten Reich nicht vergessen — nur der Verfasser wurde „unbekannt“. Bismarck war der Meinung, daß neben Heine als Liederdichter „nur noch Goethe genannt werden darf“, aber für Hitler hatte er sich „gegen das Deutschtum in Wort und Schrift vergangen“.

Ebenso zeitgemäß war es damals, die Karl-Marx-Straße in Bromberger Straße, die Lassallestraße in Tannenbergstraße umzubenennen. Die Stresemannallee fiel weg, und die Kollwitzstraße in Westhausen wurde in Tangastraße verändert. Denn Käthe Kollwitz betätigte sich im „kommunistischen Sinne“, und Tanga war der Ort der ruhmreichen ersten Kolonialschlacht im Weltkriege. Die Leopold-Sonnemann-Straße wurde liquidiert, denn „Sonnemann war Herausgeber der Frankfurter Zeitung und als solcher wie auch als Reichstagsabgeordneter scharfer Verfechter des Liberalismus“. Das war Sonnemann in der Tat, aber er war auch Stadtverordneter in den Jahren 1871 bis 1884 mit ganz besonderen Verdiensten, sein Grabmal im jüdischen Friedhof an der Rat-Beil-Straße hat das „Tausendjährige Reich“ überlebt. Der Rathenauplatz wurde damals in Horst-Wessel-Platz umbenannt. Die Umbenennung der Max-Hirsch-Straße bereitete etwas Kopfzerbrechen, aber nur für kurze Zeit. Hirsch war „der Begründer der liberalen

(Hirsch-Duncker) Gewerkvereine"; er starb im Jahre 1905 in Homburg v. d. H. Über ihn gibt es den charakteristischen „Aktenvermerk": „Scharfe Kampfstellung gegen SPD. Konnte sich deshalb gegen freie Gewerkschaften nicht durchsetzen — keine internationalen Verbindungen". Im Jahre 1935 waren aber diese Hemmungen überwunden, und die bisher „jüdische" Straße wurde zur Tilsiter Straße. Die Friedrich-Ebert-Straße verschwand, „weil die Straße in der Örtlichkeit nicht besteht".

Charakteristisch für die bilderstürmerische Psychose der damaligen Zeit waren die zahllosen, heute grotesk anmutenden Denunziationen aus dem Publikum; sie sind heute noch aktenkundig und zu einem Teil zugänglich. Sehr bekannte Frankfurter Industrielle wurden als „jüdisch" verdächtigt, und geforderte Umbenennungen der nach ihnen benannten Straßen wurden erst nach „Klärung der arischen Unbedenklichkeit" abgelehnt. Die Umbenennung der Windthorstraße wurde mit „Rücksicht auf das katholische Höchst" abgelehnt. Die Zillestraße blieb unangetastet, „weil Zille sich künstlerisch mit dem sozialen Elend befaßte und für eine Besserung der drückenden Verhältnisse der ärmsten Volksschichten gekämpft hat. Betätigung in ausgesprochen kommunistischem Sinne ist nicht bekannt geworden". Es gab sogar eine Beanstandung der Iselinstraße, aber die Umbenennung wurde zurückgewiesen, „denn Isaac

Iselin war kein Jude; biblischer Vorname war bei den Baseler Calvinisten üblich!" Parlamentsstraße und Parlamentsplatz blieben unangetastet, „weil der Name mit dem ‚System'-Parlament nichts zu tun, sondern es sich um das Bundesparlament 1848 handelt (Erläuterung des Straßennamens anbringen!)".

Bei den Straßen, die nach Persönlichkeiten des achtundvierziger Bundesparlaments benannt waren, wurden Änderungen abgelehnt. Den Auerswald, Gagern, Robert Blum, Simson und Genossen wurde bestätigt, daß „sie geschichtlich mit Deutschlands Werdegang verbunden sind". Im Jahre 1936 stellte man jedoch bei Martin Eduard von Simson, dem Präsidenten der Nationalversammlung von 1848, die „nichtarische" Abstammung fest; Simson, der im Jahre 1810 in Königsberg geboren war, hatte sich im Jahre 1823 taufen lassen. Im Jahre 1849 gehörte er zur Parlamentsdelegation, die dem preußischen König Friedrich Wilhelm IV. die Kaiserwürde angeboten hatte; auch später in Versailles, am 18. Dezember 1870, überbrachte er Wilhelm I. im Auftrage des Reichstages, dessen Präsident er war, die Bitte um Annahme der Kaiserwürde. Simson, geadelt im Jahre 1888, Gründer der Goethe-Gesellschaft, war ordentlicher Professor der Rechte und seit 1860 Mitglied des Preußischen Landtages; von 1879 bis 1891 war er der erste Reichsgerichtspräsident. Die historische Verbindung von Simsons mit „Deutschlands Werdegang" wurde im Jahre 1936 liquidiert, die Straße in Mevissenstraße umbenannt.

Der Fall des Politikers Johann Jakoby erwies sich als weniger kompliziert. Bei ihm sollte die „nichtarische Abstammung noch nachgeprüft werden. Die Begründüng war dann: „Einer der schlimmsten Volksverführer! Deutschfeindliches Verhalten im Kriege 1870,71. Öffentlicher Gegner der Einverleibung Elsaß-Lothringens.“ Die Jakobystraße wurde also im Jahre 1933 zur Camphausenstraße. In diese Kategorie gehört auch das Schicksal der Reinganumstraße. Dr. Maximilian Reinganum, einer alten jüdischen Frankfurter Familie entstammend, die ursprünglich von Rheingönnheim kam, trat 1821 zur Evangelischen Kirche über. Er war ein glänzender Jurist und der Anwalt des Hauses Rothschild. Bis zum Jahre 1866 war er gewähltes Mitglied der ständigen Bürger-Repräsentation der gesetzgebenden Versammlung der Freien Reichsstadt Frankfurt. Reinganum gründet mit Dr. Rupp im Jahre 1852 die erste Zeitung für Frankfurter Kommunalangelegenheiten, die „Frankfurter Jahrbücher“ — er schrieb auch eine Biographie Börnes. Die Straßenbezeichnung in den Jahren 1935-1935 war: Raumerstraße, der ursprüngliche Vorschlag, die Straße künftighin Lichnowskystraße zu nennen, wurde nicht angenommen. Bei der Art des damaligen Denkens war es schon beinahe revolutionär, die Straßenbezeichnung „Habsburgerallee“ beizubehalten, „aber das Geschlecht der Habsburger ist geschichtlich aus der deutschen Geschichte nicht wegzudenken“.

Namen verschwiegen, Stiftungen ausgenutzt

Einfach machten es sich der Magistrat mit den Straßen, die nach Frankfurter Juden benannt waren, denn bei diesen kamen „nur Verdienste für Frankfurt in Betracht“ und ihre Bedeutung hatte also nur lokalen Charakter (soweit „keine geldlichen Auswirkungen“ zu befürchten waren).

Das alles hatte mit der „Arisierung“ der jüdischen gemeinnützigen Stiftungen zu tun. Die Umbenennung der Georg-Speyer-Straße in Parsevalstraße geschah sofort nach 1933. Denn: „Georg Speyer war nicht arisch; aber die Stiftungsurkunden seiner Vermächtnisse enthalten keine Bestimmung, aus denen Bedenken herzuleiten sind“. Das stimmt. Der Bankier (Gustav) Georg Speyer hatte nämlich in seinem Testament vom 3. 4. 1900 die Errichtung einer Stiftung zu milden oder gemeinnützigen Zwecken verfügt, „bei deren Leistungen kein Unterschied mit Rücksicht auf das Glaubensbekenntnis gemacht werden dürfe“. Georg Speyer starb im Jahre 1902, und als ihm im Jahre 1909 seine Ehefrau folgte, wurde von dem Vorstand der Georg und Franziska Speyer'schen Studienstiftung beschlossen, eine Universität zu gründen. Schon vorher war das Georg-Speyer-Institut für Chemotherapie errichtet worden. Die Speyers, deren Familie seit 1644 in Frankfurt lebte, hatten insgesamt 6 Millionen Mark für Frankfurts Kultur und Wohlfahrtszwecke aufgewendet.

Übrigens wurde die Paul-Ehrlich-Straße im Jahre 1938 in Ludwig-Rehn-Straße umbenannt, nachdem dies im Jahre 1933 noch abgelehnt wurde, „da die Erfindung des Salvarsans als Erfolg deutscher Wissenschaft auch im Ausland gewertet wird". Paul Ehrlich und das Ehepaar Speyer sind im Jüdischen Friedhof in der Rath-Beil-Straße begraben.

Das ist ein typischer für viele ähnliche Fälle. Die Herxheimerstraße — der im Jahre 1899 verstorbene Dermatologe Sanitätsrat Dr. Salomon Herxheimer errichtete eine Stiftung für medizinische Zwecke — wurde zur Nothnagelstraße. Die Ettlingerstraße in Bornheim hieß seit 1935 Karlsbader Straße; die Sozialarbeiterin Jeanette Ettlinger (gest. 1919) hatte ein Erholungsheim für Kinder in Hofheim (Taunus) gegründet. Die nach Friedleben, Jakob Schiff, Ladenburg und Geiger benannten Straßen, alle in Eckenheim gelegen, wurden umbenannt.

Der Geheime Justizrat Dr. Fritz Friedleben war sechsundvierzig Jahre bis 1919 Vorsitzender der Frankfurter Stadtverordneten-Versammlung. Auch Kommerzienrat Wilhelm Heinrich Ladenburg (1854 bis 1921), Chef des bekannten Bankhauses, gehörte lange Jahre zur Stadtverordneten-Versammlung; sein Name wich dem Ohlenschlägers. Jakob Schiff, ein amerikanischer Philantrop, war in Frankfurt 1847 zur Welt gekommen, im Jahre 1863 nach New York ausgewandert und machte von dort seiner Heimatstadt zahlreiche Zuwendungen, auch zur Gründung der Universität, letztmalig im März 1922 die Jakob-H.-Schiff-Stiftung mit weiteren zwei Millionen Mark für die Universität. Größere Beträge gingen an das Senckenbergische Museum, die Stadtbibliothek und das Goethehaus. Im Jahre 1933 stellte man die Umbenennung zuerst zurück, „da dies bei dem einflußreichen Bankhaus die Gefahr der hetzerischen Stellungnahme auslösen kann“. Im Jahre 1935 waren diese Hemmungen bezeichnenderweise überwunden und die Schiffstraße in Mummstraße umgetauft.

Die Eheleute Wilhelm und Adele Katzenstein hatten zu Ende des neunzehnten Jahrhunderts eine Stiftung „für arme und strebsame Kinder“ errichtet mit Freibetten in der Diakonissenanstalt und dem „Christ‘schen Kinderhospital“; es wurden auch strebsame Kunsthandwerker unterstützt. Die Katzensteinstraße fiel im Jahre 1935 weg, weil sie dem Fluchtlinienplan im Weg lag; sie besteht heute nicht mehr. Ein ähnliches Schicksal hatte die Pfungststraße, weil sie in der „Örtlichkeit nicht besteht“; sie besteht allerdings wieder seit 1955 im Ostend an der geplanten Stelle. Der im Jahre 1912 verstorbene Industrielle Dr. Arthur Pfungst, Vorsitzender der Gesellschaft für ethische Kultur, hatte seinerzeit sein Unternehmen — die NAXOS-Union Schmirgelfabrik — in eine Stiftung für Volksbildungsbestrebungen umgewandelt.

Auch das Straßenschild „Theodor-Stern-Kai“ verschwand, angeblich weil „erst ein kleines Stück der Straße ohne seitlichen Anbau angelegt ist und dieser Teil des Mainufers für gelegentliche Benennung nach einer hervorragenden Persönlichkeit eignet“; was im Jahre 1935 kein Hinderungsgrund war, die Bezeichnung Skagerakufer zu wählen. Theodor Stern (1837 bis 1900) war der Chef des Bankhauses S. H. Stern. Die Straßenbezeichnung hängt mit der Universitätsgründung und der Errichtung des Theodor-Stern-Hauses im Krankenhausgebäude zusammen. Die Witwe schenkte im Jahre 1901 der Stadt fünfhunderttausend Mark als Grundstock eines medizinischen Institutes, 1911 weitere zweihunderttausend Mark und 1913 bis auf weiteres jährlich sechstausend Mark. Der Stiftung wegen bestanden „keine Bedenken“.

Im Jahre 1936 wurde der im Nordwesten der Stadt gelegene Edingerweg in Walter-Flex-Straße umbenannt, was nicht ganz ohne Ironie zu notieren ist. Der Geheimrat Professor Ludwig Edinger war Direktor am Neurologischen Institut, und seine Ehefrau Anna Edinger machte sich in der Kinderfürsorge, der Tuberkulosebekämpfung und in der Armenpflege sehr verdient. Beide waren „voll israelitisch". Walter Flex, der Dichter, der im Jahre 1917 auf Ösel als Kompanieführer fiel, wird in den Akten als „ein echt deutscher Mann, erfüllt von den Idealen des Wandervogels" bezeichnet. Aber noch etwas steht in den Akten: „Mutter — Jüdin, Pollak(?!)".

Bei der Hallgartenstraße wußten die Anlieger nicht, „um wen es sich überhaupt bei diesem Hallgarten handelt". Die NS-Gruppe Nordend schöpfte allerdings aus der an sich „verdächtigen" Charakteristik „bekannter Frankfurter Philanthrop" einen gewissen Verdacht. Im Jahre 1935 war man mit den Ermittlungen soweit, und es kam zur Umbenennung in Hartmann-Ibach-Straße (dem ersten evangelischen Prediger in Frankfurt). Charles Hallgarten, 1833 in Mainz geboren, kam als Kind nach New York und wurde später dort sehr erfolgreich. Im Jahre 1877 übersiedelte er nach Frankfurt und starb hier im Jahre 1908. Etwa 9 Millionen Dollar wurden von ihm für wohltätige Zwecke gespendet. Von ihm heißt es: „Er war ein Grandseigneur damaligen guten Stiles, der über Parteien, Klassen, Rassen und Religionen hinweg dachte und handelte." Er schuf durch seine Stiftungen mit eine Basis der Frankfurter Universität, kein Gebiet der Wohlfahrt, Kunst oder Wissenschaft gab es, das er nicht unterstützte, er war auch der erste Präsident der „Frankfurt-Loge“. Ein Mann von Würde, aber auch mit Humor, der selbst nicht scheute, Besuche bei Notleidenden zu machen. Eine Arbeiterfrau, Mutter von elf Kindern, deren Mann seit ihrer Heirat schwer asthmaleidend war, klagte ihm bei einem solcher Besuche ihr Leid. Hallgarten sagte zu ihr: „Liebe Frau, was hätte das erst gegeben, wenn Ihr Mann nicht asthmaleidend wäre.“ Hallgarten wohnte bis zu seinem Tode in der Siesmayerstraße 21, und bei seiner Beerdigung — zwanzigtausend Personen waren bei ihr anwesend — sprachen außer dem Rabbiner auch protestantische und katholische Geistliche.

Die Königswarterstraße verschwand im Jahre 1936 aus dem Stadtbild; sie hieß bis 1945 Quinckestraße. Die Familie Freiherr von Königswarter, ursprünglich aus Frankfurt stammend, hatte im Jahre 1879 neben vielen anderen wohltätigen Stiftungen für allgemeine Zwecke auch das in dieser Straße (früher Grüner Weg) gelegene israelitische Krankenhaus, das „Königswarter-Spital“, errichtet. Aus den Königswarterschen Stiftungen wurden auch „in Not befindliche Personen“ anständige Wohnungen zugewiesen. Im Jahre 1938 — so heißt es in den Akten — war der Wohnraum an „35 deutsche Volksgenossen und an 25 Israeliten verteilt“, aber es müsse eine Aufteilung des Vermögens in nächster Zeit erfolgen, da es sich um eine „jüdische Stiftung“ handelt. Im Januar 1939 wurde vom Oberbürgermeister verfügt, „daß in Zukunft Vorteile nur an deutsche Volksgenossen gewährt werden dürfen, da die Stiftung der Familie Königswarter der ‚Allgemeinheit' (also nicht notwendigerweise auch Juden) zugute kommen müsse". Die geadelten Nachkommen des Stammvaters Marcus Jonas Königswarter lebten in Wien und London; in Frankfurt gab es noch als letzten Sproß der Familie im Jahre 1910 den Freiherrn Heinrich von Königswarter.

Die Henry-Budge-Straße war schon im Jahre 1933 weggefallen und wurde zur Langemarckstraße, denn auch Henry Budge war „Nichtarier". 1840 in Frankfurt geboren, wanderte er im Jahre 1866 nach New York aus. Dort wurde er ein sehr erfolgreicher Bankier, Mitinhaber von Kuhn, Loeb & Co. und Partner von Charles Hallgarten. Erst in den späteren Jahren seines Lebens kehrte er nach Deutschland zurück und wohnte vom Jahre 1928 an in Hamburg — dem Geburtsort seiner Frau. Aus Anhänglichkeit zu seiner Vaterstadt trug Budge im Jahre 1912 mit zweihundertfünfzigtausend Mark zur Gründung der Universität in Frankfurt bei. Anläßlich seines 80. Geburtstages stiftete er eine Million Mark für die Altersfürsorge in Frankfurt, eine Stiftung, die nach Budges Tod von Emma Budge, seiner Frau, um nochmals fünfhunderttausend Mark aufgestockt wurde, um am Dornbusch das Budge-Heim für 150 alte Menschen bauen zu können. Am 31. März 1939 wurde das Budge-Altersheim als „judenfrei“ gemeldet, da ein „dringender Bedarf nur für deutsche Volksgenossen“ gegeben sei. Bei der „Arisierung“ ergaben sich dann gewisse technische Schwierigkeiten. Die „jüdische Hälfte“ sollte damals an die Gestapo überführt werden, die „arische“ Hälfte an den Verein „Heim am Dornbusch“. Da aber die Budges amerikanische Bürger waren, hatte man im Jahre 1941 wegen der halben jüdischen Reststiftung noch politische Hemmungen. So blieb der jüdische Teil „nicht aufgelöst“, und die Henry-und-Emma-Budge-Stiftung konnte im Jahre 1951 „wiederbelebt“ werden. Das Ehepaar Budge ist im jüdischen Friedhof „Rat Beil-Straße“ begraben.

Die Heidelbachstraße, nach der Stifterin Henriette Heidelbach, geb. Gans (1828-1909), wurde im Jahre 1935 zur Egerstraße. Die Westendkrippe Frankenallee des Krippenvereins ist den alten Frankfurtern noch bekannt. Die Odrellstraße war seit 1920 nach Dr. Leopold Odrell — früher Oppenheimer — (1804-1884), dem Gründer der Odrellschen Stipendienstiftung, benannt; sie hieß von 1937 bis 1945 Guaitastraße. Die Liquidierung der seit 1927 bestehenden Julius-Heymann-Straße war indessen nicht so einfach. Im Jahre 1933 lehnte man die Namensänderung ab, „weil Bindung durch Testamentbestimmung bestehe“. Julius Heymann (1863-1925) hatte bei seinem Ableben das Haus Palmstraße 16 mit vielen Antiquitäten und einer sehr wertvollen Kunstsammlung der Stadt vermacht. Die Beibehaltung des Namens war im Testament bestimmt. In der Rechtsabteilung der Stadt zerbrach man sich zwei Jahre lang den Kopf, um angeblich dem „gesunden Volksempfinden“ entgegenzukommen. Es wurde angeregt, die „wertvolle Sammlung solle von der Regierung unter Denkmalschutz gestellt werden, um die Abwanderung ins Ausland zu verhindern“. Man vertagte schließlich die Entscheidung bis zur Feststellung, ob ein juristischer Anspruch der Erben gegen die Stadt Frankfurt auf Rückgabe des Erbes im Falle der Änderung des Straßennamens bestünde. 1938 wurde dann der Straßenzug in Palmstraße umbenannt; 1948 ist die alte Bezeichnung wieder eingeführt worden.

Nach dem Ersten Weltkrieg hatte die Stadt von der Frau des Rentners Julius Toeplitz (1850-1918) etwa siebenhunderttausend Mark, die zum Ankauf des Volksbildungsheimes mit benutzt wurden, geerbt. Die in Sachsenhausen gelegene Toeplitzstraße (seit 1919) wurde nach dem Bakteriologen Robert Koch neu benannt. Die Namensgebung blieb nicht ohne Kritik. Eiferer des Rassenhasses machten geltend, Robert Koch, der zwar einwandfrei Nichtjude gewesen sei, habe sich noch „als alter Mann scheiden lassen, um die Jüdin Hedwig Freiberg, eine Schauspielerin, zu heiraten“.

Die Geigerstraße, benannt nach dem Justizrat Dr. Berthold Geiger, wurde zur Heusenstammstraße. Geiger (1847-1919) ist 23 Jahre lang Stadtverordneter, Vorsitzender des Ostend-Vereins und Vorstandsmitglied der Anwaltskammer gewesen.

Seltsame Begründungen

Die Cromestraße in Rödelheim wurde während des Dritten Reiches zur Trümpertstraße, da Crome — so lautete die Begründung —, „wie erst jetzt bekannt geworden ist, Separatist war und in den Befreiungskriegen ein Freund der Franzosen". Eine Cromestraße gibt es jetzt nicht mehr. Die Rat-Hoffmann-Straße, genannt nach dem um die Volksbewaffnung in Rödelheim 1813-15 verdienten Justizrat Hoffmann, wurde im Jahre 1936 zur Thudichumstraße; Rat-Hoffmann, wurde gesagt, habe seinerzeit Geld unterschlagen. Für die Zeit des nationalsozialistischen Regimes verschwand auch die Emil-Claar-Straße, am Gärtnerweg gelegen, aus dem Stadtplan und wurde zur Rankestraße. Claar war der erfolgreiche Intendant des Städtischen Theaters in der klassischen Zeit von 1879 bis 1912. Von ihm heißt es aktenmäßig: „Theaterleiter, Schriftsteller und Freimaurer, geboren in Lemberg als ‚Emil Rapaport' am 7. 10. 1842." Claar starb in Frankfurt am 25. Juli 1930 als evangelischer Christ, er war „Nichtarier".

Die früher im Industrieviertel und später in Bornheim verlaufende Karl-Flesch-Straße wurde in den Jahren 1935-45 zum Marienbader Weg. Dr. jur. Karl Flesch (1853-1915) war zunächst Vorsitzender des Städtischen Wohlfahrtsamtes gewesen und danach dreißig Jahre lang Mitglied des Magistrats. Er vertrat nach 1908 Frankfurt im Preußischen Abgeordnetenhaus und war Mitbegründer der Aktienbaugesellschaft für kleine Wohnungen und des Bundes für Volksbildung. Die Fleschs entstammen einer alten Frankfurter Familie mit Herkunft aus der Judengasse („Haus zur Flasche" — daher Fläsch — Flesch). Die Mutter von Karl Flesch kam aus der Familie Creizenach. Der Vater Karl Fleschs, der Arzt Dr. Jacob Flesch (geb. 1819), war unter dem Einfluß der achtundvierziger Ideen zum lutherischen Glauben übergetreten. Im Jahre 1867 hatte er Frankfurter Geschichte gemacht, als er auf dem Mittelrheinischen Ärztetag aus Protest gegen die Einverleibung Frankfurts in Preußen ein „Hoch auf die freie Republik der Wissenschaft" ausbrachte anstatt auf den Herrscher, was zu seiner Streichung aus der Liste der Sanitätsräte führte.

Manche Namensveränderungen in den Vororten sind nur von bezirksgeschichtlichem Interesse. Im Stadtbezirk Rödelheim gab es und gibt es eine Josef-May-Straße zur Erinnerung an die Eheleute May, die im Jahre 1874 ein Krankenhaus und Altersheim gestiftet haben; in den Jahren 1935-45 hieß sie Treisberger Straße (nach Treisberg im Taunus). Ebenfalls in Rödelheim wurde die Lehrbergerstraße zur Ganerbenstraße. Israel Lehrberger gründete im Jahre 1796 eine Buchdruckerei, die dann später (1832) die weltberühmte hebräische Druckerei des Gelehrten Wolf Heidenheim übernahm. Aus diesen kleinen Anfängen entstand das früher in Frankfurt sehr bekannte Verlagshaus M. Lehrberger & Co. (Schillerstraße 19), welches unter der Leitung von Dr. Felix Kauffmann (vor einigen Jahren in New York gestorben) erneut zu großer Blüte kam.

In Preungesheim verschwand die Hochschildstraße und wurde zur Taufsteinstraße. Bei diesem Hochschild handelt es sich nicht um den Kommerzienrat Zachary Hochschild, der bis zu seinem Tode im Jahre 1912 an der Spitze der Metallgesellschaft stand. Es ist dies deshalb erwähnenswert, weil sich in dem Gemeindeblatt der Israelitischen Gemeinde Frankfurt vom Februar 1929 eine diesbezügliche falsche Angabe findet. Es handelt sich um den Fouragehändler S. K. Hochschild (Musikantenweg), der das Gelände für diese Straße abgetreten hatte (1911) und auf dessen Kosten das fragliche Gebiet für die Bebauung erschlossen wurde. Die Nathan-Trier-Straße in Griesheim, benannt nach dem früheren Besitzer der ersten Wachstuchfabrik in Griesheim, hieß in den Jahren 1933-45 Josef-Wolff-Straße.

Eine Otto-Loewe-Straße gibt es erst seit 1954 in Bockenheim; vor der Hitlerzeit gab es sie nicht; der Name ist dennoch im Rahmen dieser Betrachtung von Interesse. Dr. Otto Loewe war ein in Bockenheim geborener (1878), dort sehr bekannter und beliebter Chirurg. Er stammte mütterlicherseits von den Creizenachs ab, wurde nach 1933 „aus rassischen Gründen“ — er bekannt sich zur „israelitischen Religion“ — verfolgt und beging Selbstmord.

Opportunistischer Aufschub

Eine Kategorie von Straßennamen wurde während einiger Jahre des Dritten Reiches noch geduldet und erst zu späterer Zeit getilgt. Dazu gehörte die in Niederrad gelegene Hahnstraße, die im Jahre 1938 in Kesselbergstraße umbenannt wurde. Warum so spät? Darüber sagen die Akten aus dem Jahre 1933: „Die Söhne von Bankdirektor Hahn haben umfangreichen Geländebesitz in Niederrad. Zur Zeit schweben dort Austauschverhandlungen zur Beilegung der aufgeschütteten Uferstraße usw., die ohne den Hahnschen Besitz nicht durchführbar sind. Die schon ziemlich weit gediehenen Verhandlungen würden sich bei Aufhebung des Straßennamens voraussichtlich zerschlagen.“ Also hier zunächst geldliche Auswirkungen, für die es dann im Jahre 1938 rechtliche Bedenken nicht mehr gab. Die Hahns waren eine sehr alte

Frankfurter Familie, deren Stammvater seit 1530 in dem „Haus zum Hahn“ in der Judengasse wohnte, woraus sich auch der Familienname ableitet. Aus dieser Familie stammt u. a. der gelehrte Rabbi Josef Hahn, dessen „Yossif OMEZ“ (1637) in der hebräischen Literatur berühmt wurde. Im achtzehnten Jahrhundert wurden die Hahns — ebenso wie die Rothschilds — in Bankgeschäften bedeutend. L. A. Hahn (1796-1856) gründete im Jahre 1820 das Bankhaus L. A. Hahn, aus dem dann im Jahre 1872 die Deutsche Effecten- und Wechselbank entstand. Es gab viele Familienstiftungen der Hahns zur Unterstützung Bedürftiger. Im Jahre 1916 wurde von den drei Söhnen des Bankiers Anton Hahn der Merkurbrunnen gestiftet, der auf dem Theaterplatz als ein „Kleinod reifer Bildhauerkunst die Stadt verschönerte“. Dieser Brunnen „zur Erinnerung an Anton L. A. Hahn, gestiftet von seinen Söhnen“, hat das Dritte Reich überlebt, und er steht jetzt vor dem Eingang des Messegeländes.

Auch die Mertonstraße gehörte zu den Straßen, deren Umbenennung 1933 zunächst unterblieb, „um Mißstimmung zwischen der Metallgesellschaft und der Stadt Frankfurt zu vermeiden“. Erst im Jahre 1938 wurde sie zur Universitätsstraße. Dr. Wilhelm Merton (1848 bis 1916), leitende Persönlichkeit der Metallgesellschaft, war gemäß Aktennotiz „verdient um die Entwicklung Frankfurts, in erster Linie bei

Gründung der Universität". Der Großvater Wilhelm Mertons in der müterlichen Linie war Philip Abraham Cohn, aus dessen im Jahre 1820 gegründeten Metallhaus im Jahre 1881 die Metallgesellschaft entstand. Philip Abraham Cohn war ein streng gesetzestreuer Jude und Mitbegründer der Israelitischen Religionsgesellschaft des Samson Raphael Hirsch. Der Vater Mertons (Raphael Moses) kam in den 1820er Jahren aus England nach Frankfurt, heiratete die Tochter Phil. A. Cohns und trat als Teilhaber in die Metallgesellschaft ein. Während Ralph (Raphael) Moses, der seit 1857 Merton hieß, noch Mitglied des Vorstandes der großen Israelitischen Gemeinde war, bekannte sich sein Sohn Wilhelm Merton zur protestantischen Konfession.

Der Name des Kommerzienrates Gustav Gerst ist heute den meisten Frankfurtern unbekannt. Es war dies ein Mann, „der viel stiftete, aber in der Öffentlichkeit nicht genannt werden wollte". Seine Interessen galten in erster Linie dem Reitsport, aber auch das Goethehaus verdankte ihm eine große geldliche Schenkung (1931: achtundzwanzigtausend Mark). Der von vielen besuchte Goetheturm im Stadtwald auf der Goetheruhe wurde von ihm im Jahre 1931 errichtet, „womit sich der Stifter ein dankbares Gedenken bei den Bewohnern Sachsenhausens" geschaffen hatte. Ein Reitweg wurde im Jahre 1930 im Stadtwalt östlich des Oberforsthauses nach ihm benannt (Gerstweg). Aber im Jahre 1935 stellte die Försterei in Niederrad fest, daß es den Besuchern des Wäldchestages nicht zugemutet werden könnte, diesen Weg zu betreten — „es sei dies eine Störung des NS-Geistes“. Gerst war im Jahre 1871 als Jude in Bamberg geboren, bezeichnete sich aber als Dissident. 1936 wurde die Wegbezeichnung aufgehoben. 1945 ist sie nordöstlich des Oberforsthauses an der Landstraße wiederhergestellt worden.

Verlegenheit und Kopfzerbrechen

Über den Komplex der Straßennamen, die etwas mit der IG-Farben-Industrie und anderen chemischen Unternehmen in Frankfurt zu tun haben, kam es zu Reibungen zwischen der Stadt, den nationalsozialistischen Parteigliederungen und der IG-Farben-Industrie, und so wurden im Jahre 1933 alle Anträge, die Cassellastraße, C.-von-Weinberg-Straße und Leo-Gans-Straße zu streichen, vom Städtischen Bauamt abgelehnt. Bei der Cassellastraße machte man einen diplomatischen „Arisierungs“-Vorschlag: Als Erläuterung im Anschriftenbuch (der damaligen Bezeichnung des Adreßbuches) einzusetzen: „Nach dem Werk Cassella der IG Farben“ (!) Man wollte damit gewissen, damals unangenehmen biographischen Tatsachen über das Entstehen der chemischen Industrie in Frankfurt aus dem Wege gehen. Die Firma Cassella Farbwerke Mainkur AG. hatte nämlich — was vielen nicht bekannt war — ihren Ursprung in der Frankfurter Judengasse. Der Handelsmann David Loeb Cassel, der in Friedberg im Jahre 1770 geboren war, erhielt in Frankfurt im Jahre 1798 Aufenthaltsrecht durch Einheirat in die in Frankfurt ansässige jüdische Familie Reiss (Haus zur Tromm — Judengasse 115). Zusammen mit seinem Schwager Reiss begann Cassel im Jahre 1798 eine Spezereiwarenhandlung en gros unter der Firma Cassel und Reiss, zuerst in der Judengasse, dann später bis 1819 in der Allerheiligenstraße. In der Zeit der napoleonischen Kontinentalsperre ging Cassel dazu über, eine Zuckersiederei zu errichten, um Zuckerrüben zu verarbeiten. Nach der Niederlage Napoleons stellte sich Cassel auf den Import von Indigo, anderen Farbstoffen und Chemikalien um. Im Jahre 1819 änderte er seinen Namen in Leopold Cassella, löste seine Sozietät mit Reiss und begann am 1. Januar 1820 im Kompostellhof des Geschäft unter dem Namen Leopold Cassella. Der Gründer der Firma Leopold Cassella starb kinderlos im Jahre 1847. Nach dem Austritt der Witwe Cassella wurde Ludwig Gans, ein Neffe des Gründers, alleiniger Inhaber. In den 1850er Jahren heiratete Bernhard Weinberg aus Escheburg in Kurhessen, einer alten jüdischen Familie entstammend, in die Firma ein; er wurde Schwiegersohn von Ludwig Gans und Mitinhaber. Mit dem Eintritt

Weinbergs begann die Entwicklung des Hauses Cassella zur Weltfirma. Im Jahre 1870 wurde die erste Teerfarbenfabrik am Main (Mainkur bei Fechenheim) errichtet. — Im Jahre 1938 wurde schließlich auch die Cassellastraße umbenannt, sie hieß bis zum Jahre 1945 Friedrichshafener Straße.

Auch die Benennung der Carl-von-Weinberg- und der Leo-Gans-Straße in Fechenheim erzeugte viel Kopfzerbrechen. Man lehnte die Umbenennung im Jahre 1933 ab, „weil es sich um Werkstraßen handelt und die Paten führender Persönlichkeiten in den Werken der IG-Farben-Industrie sind". Das waren sie in der Tat, denn der Generalkonsul Carl von Weinberg und Geheimrat Dr. Leo Gans (1843-1945) waren Mitglieder der Geschäftleitung der IG-Farben-Industrie. Es begann nun ein langjähriges Tauziehen zwischen der NSDAP und der Stadt Frankfurt. In den Akten steht folgender Vermerk: „Dem Vernehmen nach soll Carl von Weinberg der arische Charakter zuerkannt sein (!)." Immer wieder wurde darauf hingewiesen, „Mißstimmungen mit der IG-Farben-Industrie zu vermeiden". Carl von Weinberg, stellvertretender Vorsitzender des Aufsichtsrats der IG (geboren 14. 9. 1861 in Frankfurt), der Sohn Bernhard Weinbergs, war zwar mit einer Jüdin verheiratet, gehörte aber nicht mehr dem Judentum an; er wurde 1908 durch Wilhelm II, geadelt. Er trat 1877 in das väterliche Geschäft ein, diente bei den „Blauen

Dragonern“ in Karlsruhe und wurde 1892 Vollteilhaber. Sein Name — und der seines Bruders, des Chemikers Geheimrat Dr.-Ing. e. h. Arthur von Weinberg — sind in der Stadtgeschichte ehrenvoll verzeichnet. Sie unterhielten das bekannte Gestüt Waldfried und waren soziale Wohltäter (Universität).

Bei dem Frankfurter Ehrenbürger, dem Forscher und Pionier der chemischen Industrie, Geheimrat Dr. Leo Gans, lag der Fall ähnlich. Auch er, der Sohn von Ludwig Gans, hat große Stiftungen, unter anderem für die Universität und für den Ankauf von Kunstschätzen durch das Städel, gemacht. Die Carl-von-Weinberg-Straße wurde in den Jahren 1938-45 zur Ferdinand-Runge-Straße, die Leo-Gans-Straße in dieser Zeit ebenfalls — wie die Cassellastraße — zur Friedrichshafener Straße.

Augenauswischerei und Schlampigkeit

Hinsichtlich ihrer Bezeichnungen haben wohl die nach den Rothschilds benannten Straßen die merkwürdigste Behandlung erfahren. Die seit 1895 nach „der Frankfurter Familie von Rothschild“ bezeichnete Rothschildallee wurde gleich im Jahre 1933 in Karolingerallee umbenannt. Von maßgebender Seite wurde behauptet, „daß neben der Nibelungen-, Habsburger-, Wittelsbacher- und Luxemburgerallee der Name Rothschild nicht am Platz sei". Das Stadtarchiv beantragte damals, die Börnestraße in Rothschildstraße umzubenennen, da die Verdienste der Rothschilds nicht zu bestreiten seien, aber es blieb bei dem Wegfall dieser Straßenbezeichnung.

Für die Mathildenstraße (benannt nach Hanna Mathilde Freifrau von Rothschild, 1832 bis 1924, Witwe von Wilhelm Carl von Rothschild, dem letzten Rothschild der Frankfurter Linie, Begründerin verschiedener Stiftungen), die Sophienstraße (nach der wohltätigen Sophie von Rothschild) und die Luisenstraße sowie den Luisenplatz (nach Hanna Luise von Rothschild) lehnte man die Umbenennung ab. Hanna Luise von Rothschild hatte unter anderem im Jahre 1890 zur Erinnerung an ihren Vater Freiherr Mayer Carl von Rothschild (1820-1886) die Rothschild-Bibliothek und das Carolinum gestiftet. Der Luisenplatz war ursprünglich nach dem von der Familie von Rothschild erbauten und an die Baronin Luise von Rothschild erinnernden Luisenhof benannt. Es kam zu folgendem Beschluß: „Straßennamen bleiben bestehen, nur die Patenschaft ist zu ändern in: benannt nach weiblichen Vornamen." So konnte sich also in der Rothschild-Frage eine der Öffentlichkeit nicht sichtbare, wenig prinzipientreue Augenauswischerei vollziehen.

Ein anderes Schicksal hatte die Albert-Linel-Straße, die als einzige jüdische Straßenbezeichnung die Hitlerzeit in Frankfurt überstanden hat. Dr. Albert Linel, gestorben am 17. Februar 1916 in Frankfurt hieß in seiner Jugend Aron Levi, war einer der freigebigsten Förderer von Kunst und Kunstgewerbe in dieser Stadt und vermachte sein Vermögen von nahezu einer Million Mark der Stadt. Aber der Haken war hier das Testament der Eheleute Linel vom Jahre 1901, wonach die Stiftung an die Jüdische Gemeinde zu fallen habe, „wenn die Stadt die Bestimmung des Testaments nicht ausführen will oder kann". Diese Bestimmung war „Aufrechterhaltung des Namens Linel". Auf den Hinweis, daß doch der Name Linel „neutral" sei, wurde von der Stadt bedeutet, „es sei nicht angebracht, einen Namen beizubehalten, der an die jüdische Herkunft der Stiftung erinnert. Linel sei die Verdeutschung des Namens „Levi". Es gab einen umfangreichen Schriftwechsel zwischen der Stadt mit den verbliebenen „nichtarischen" Testamentsvollstreckern, der zwar als pikant, aber nicht immer als sehr geschmackvoll empfunden werden kann. Als Endeffekt ergab sich — offenbar aus bürokratischer Schlamperei —, daß die Albert-Linel-Straße das Nazi-Regime überleben konnte.

Die Synagogenstraße — an der Stelle der ältesten Frankfurter Synagoge (zwischen Börne- und Allerheiligenstraße) — fiel durch das Luftbombardement für immer weg, und nichts erinnert mehr an diese Stätte.

Schließlich wurde zuletzt auch die Mendelssohnstraße im Jahre 1938 „arisiert“. Sie war im Jahre 1879 nach dem Komponisten Felix Mendelssohn-Bartholdy benannt worden. Im Jahre 1933 wurde die Umbenennung abgelehnt, „weil Mendelssohnsche Musik sich volkstümlich deutscher Art angepaßt und der Komponist sich nicht — wie zum Beispiel Börne und Heine — in sonderjüdischem Sinne betätigt hat.“ Felix Mendelssohn (1809-1847) war Enkel Moses Mendelssohns und wurde in seiner frühen Jugend im protestantischen Christentum erzogen. Er starb als Christ und ist auf dem Dreifaltigkeitskirchhof in Berlin bestattet. Die Mendelssohnstraße hieß in den Jahren 1938-45 Josef-Haydn-Straße. Daraus hat sich aber der bedauerliche Tatbestand ergeben, daß es heute — nach der Rückkehr des Namens Mendelssohn an seinen Platz — in Frankfurt keine nach Josef Haydn benannte Straße mehr gibt (wie übrigens auch keine Johann-Sebastian-Bach-Straße).

Zahlreiche Straßen des heutigen Frankfurt hat es in der Zeit vor dem Dritten Reich noch nicht gegeben. Am 26. September 1947 wurde die Gorch-Fock-Straße in Wilhelm-Epstein-Straße umbenannt. Epstein (geboren 1860 in Leipzig und gestorben 1941 in Frankfurt) war in den Jahren 1906-1930 Leiter des Frankfurter Bundes für Volksbildung. Im Jahre 1956 wurden Straßen nach Franz Kafka, Stefan Zweig, Franz Werfel und Siegmund Freud benannt.

Im Jahre 1958 nannte man eine Straße nach Anne Frank. Eine Hugo-Sinzheimer-Straße gibt es in Bonames seit 1958. Dr. Sinzheimer (geboren 1875 in Worms, gestorben 1945 in Overveen in Holland) war Strafverteidiger in Frankfurt und Professor des Arbeitsrechts. Als gemäßigter Sozialdemokrat wurde er 1918 Polizeipräsident von Frankfurt. Er war es, der den anmarschierenden französischen Truppen mitteilte, sie seien an der Grenze der Besatzungszone angekommen, und der ihren Vormarsch stoppte.

Seit 1910: Westend-Synagoge

Das einzige noch existierende repräsentative Gotteshaus der Frankfurter jüdischen Gemeinde

Der 28. September 1910 — die Zeit um das jüdische Neujahrsfest — war ein bedeutsamer Tag in der Geschichte der großen Israelitischen Gemeinde in Frankfurt. An diesem Tage wurde die Westend-Synagoge in Frankfurt, in der Freiherr-vom-Stein-Straße, der früheren Königsteiner Straße, eingeweiht.

Die Geschichte der „dritten" Frankfurter jüdischen Gemeinde, die ununterbrochen in dieser Stadt seit dem Jahre 1360 bestand, kam durch das Hitler-Regime zu einem gewaltsamen Ende. 1360 kamen sieben Familien nach Frankfurt und bildeten die „dritte“ jüdische Gemeinde, die dann in der Zeit vor Hitler bis zu einer Mitgliederzahl von knapp 30 000 anwuchs. Die heute in Frankfurt lebenden Juden bilden die sogenannte „vierte“ jüdische Gemeinde — historisch gesehen.

Die Westende-Synagoge ist heute das einzige repräsentative Gotteshaus der jetzt wieder entstandenen jüdischen Gemeinde in Frankfurt, die jetzt 4300 Mitglieder umfaßt. Die Synagoge, wie sie heute besteht, ist eines der wenigen Denkmäler aus der früheren jüdischen Geschichte, die überhaupt noch bestehen, und gewissermaßen das älteste und gleichzeitig das jüngste Denkmal dieser Geschichte.

Die Synagoge, die am 28. September 1910 eingeweiht worden ist, war seinerzeit die neueste Synagoge in Frankfurt; alle anderen — die ältesten — wurden vollständig zerstört, und nur von der Synagoge an der Friedberger Anlage besteht noch eine Spur des hinteren Synagogenteils.

Die Westend-Synagoge wurde errichtet, um den religiösen Bedürfnissen der liberal-reformierten Richtung der Israelitischen Gemeinde zu dienen. Nach einer gewissen Stagnation des Reformjudentums begann in dem ersten Jahrzehnt des zwanzigsten Jahrhunderts wieder so etwas wie eine Renaissance des liberal-religiösen Judentums, und es machte sich ein Bedürfnis nach einer neuen, liberalen Synagoge geltend. Durch den Wegzug eines großen Teiles der jüdischen Bevölkerung aus dem Ostend nach dem Westen und Nordwesten der Stadt, und das waren gerade die sogenannten „aufgeklärten", freisinnigeren Kreise, konnte die damalige Hauptsynagoge in der Börnestraße nicht mehr so sehr ihrem Zwecke dienen. Der Gottesdienst dort mit Orgel wurde zwar durchaus in reformiertem Geiste geführt, aber die Frequenz dieses Gotteshauses wurde immer geringer, und so entschloß sich die Israelitische Gemeinde in Frankfurt, das Gotteshaus im Westen zu schaffen. Diese Synagoge im Westend hatte ihre Vorläuferin. Der frühere Frankfurter Reform-Rabbiner, Dr. Leopold Stein, gründete im Jahre 1866 als Betverein eine sogenannte „Westend-Union", wo er einen jüdischen Gottesdienst im Sinne der Reform praktizierte. Leopold Stein hatte seinerzeit Differenzen mit dem Gemeindevorstand, demissionierte und wurde durch den berühmten Rabbiner Abraham Geiger, einen Frankfurter, ersetzt.

Die Westend-Synagoge war für die damaligen jüdischen Verhältnisse das Gotteshaus, in dem die Grundsätze der Reform am radikalsten praktiziert wurden. In diesem Gotteshaus war die hebräische Sprache stark zurückgedrängt, und es war kein Zufall, daß gerade zur Zeit der Eröffnung dieser Synagoge das „Neue Frankfurter Gebetbuch", bearbeitet von Rabbiner Dr. Cäsar Seligmann, dort eingeführt wurde. Dieses Gebetbuch wurde nicht, wie üblich, für hebräische Gebetbücher von rechts nach links, sondern von links nach rechts gedruckt. Der innere Unterschied zu den anderen Gebetbüchern war, daß man anstatt der hebräischen Gebete dort den deutschen Gebeten und Gesängen den Vorrang gab. Der Freitagabend-Gottesdienst wurde fast durchweg in deutscher Sprache geführt, und nur der „Kiddusch" und das „Kaddisch" der Leidtragenden wurde in hebräisch gesagt.

Die damalige Synagoge hatte für 1200 Personen Platz, und die Herren- und Damensitze waren getrennt. Der Baubeginn war der September 1908, und da man nur fünf Tage in der Woche arbeiten konnte — der Sabbat fiel ja als Arbeitstag weg —, dauerte es zwei Jahre, bis die Synagoge fertiggestellt wurde. Der Architekt war Franz Roeckle, ein junger Stuttgarter. Die Baukosten betrugen 850 000 Goldmark. Schon damals wurde beanstandet, daß man die Synagoge nicht an einem freien Platz gebaut hatte, sondern gezwungen war, mit einer der noch vorhandenen „Baulücken" im Westend vorliebzunehmen. Der massige Bau wurde zu seiner Zeit als ein Meisterwerk des Synagogenbaus betrachtet. Man suchte Fühlung mit der altjüdischen Tradition zu gewinnen, indem man die Synagoge im assyrisch-ägyptischen Stile errichtete, dabei auf den maurisch-islamischen Stil des Mittelalters verzichtend. Die Innenarchitektur der Synagoge wurde allgemein als gelungen bezeichnet, wenngleich die Vorhalle gewisse Bedenken hervorrief.

Die Einweihung war an einem Mittwoch in Anwesenheit der Spitzen der Behörden, darunter der Regierungspräsident von Meister, Wiesbaden, und der Oberbürgermeister, Dr. Adickes. In der Begrüßungsansprache wies der damalige Gemeindevorsitzende, Justizrat Dr. Blau, darauf hin, daß die Gemeinde die Aufgabe habe, allen Richtungen gerecht zu werden, das Judentum habe Anspruch, der Menschheit zu dienen, und es wolle seine Mitglieder „zur reinsten Vaterlandsliebe und zur treuen Erfüllung der Bürgerpflichten erziehen, getreu der Parole „Treudeutsch und jüdisch allezeit!“ Der damalige Rabbiner, Dr. Cäsar Seligmann, zündete dann das ewige Licht an, und Rabbiner Dr. Arnold Lazarus sprach ein Weihegebet. Als Kantoren fungierten die sicher heute noch vielen bekannten Herren Scheuermann und Naumow. Der heute noch in London lebende, 88 Jahre alte Rabbiner Dr. Georg Salzberger sprach dann das Gebet für Kaiser und Vaterland, und der feierliche Gottesdienst klang aus mit dem Schlußchor: „Die Himmel rühmen des Ewigen Ehre!“

Es wurde damals berichtet, daß es während dieses Schlußchors zu einem gewissermaßen symbolischen Zwischenfall kam, denn es erloschen plötzlich sämtliche elektrischen Lampen infolge eines Kurzschlusses. Die Leute, die in allem einen inneren Sinn sehen wollen, mögen das in Verbindung bringen mit dem damaligen Besuch des russischen Zaren in Frankfurt; er weilte damals in Friedberg zu Besuch beim Großherzog von Hessen.

Es gehört zu den Aufgaben des Historikers, festzustellen, daß die „Frankfurter Zeitung" damals zwar einige Tage vor der Einweihung einen sehr informativen Bericht über das Bauwerk brachte, aber nichts über die Feier und das Ereignis der Einweihung als solche, wenn man von einem Drei-Zeilen-Hinweis im Abendblatt vom 29. September 1910 absieht, wo es wörtlich heißt: „Die Ausmalung der gestern eingeweihten Westend-Synagoge wurde durch den Maler Karl J. Grätz durchgeführt."

Die Finanzierung dieses Gotteshauses bereitete keinerlei Schwierigkeiten. Am 23. Januar 1910 wurde an der Frankfurter Börse zum erstenmal ein „jüdisches" Papier zum Handel zugelassen, und zwar 3 Millionen Mark 4prozentige Schuldverschreibungen der Israelitischen Gemeinde in Frankfurt, die gemeinschaftlich durch die Bankhäuser Speyer-Ellissen und die Deutsche Effecten- und Wechselbank „unterschrieben" und placiert waren.

Diese Synagoge war in Frankfurt die einzige, die das Hitlersystem überlebte. In der Nacht vom 9. zum 10. November 1938, in der in Deutschland 250 Synagogen ein Opfer der nationalsozialistischen Zerstörungswut wurden, wurden auch in die Westend-Synagoge Benzinkanister geworfen, die starke Brände verursachten und das Innere der Synagoge zerstörten. Durch den Brand wurde auch der berühmte Dekkenleuchter mit vernichtet. Der Synagoge kam es zustatten, daß sie etwas abseits lag, und als seinerzeit die SA-Truppen in die Synagoge eindringen wollten, weigerte sich der Kastellan Bachmann, diese zu öffnen. Für dieses Beispiel von Zivilcourage wurde er sofort seines Amtes enthoben und aus seiner Wohnung gesetzt.

Während des Krieges errichtete die Stadtverwaltung in diesem Gebäude ein Kulissenlager für das Opernhaus. Zu diesem Zwecke wurde der seitliche Eingang in der Altkönigstraße erweitert; man lagerte dort auch Flüchtlingsgut ein. Weiterhin wurde dort eine Brandwache untergebracht, bestehend aus fünf belgischen und einem holländischen Zivilarbeiter. Diese Brandwache konnte allerdings nicht verhindern, daß am 20. März 1944 32 Brandbomben in die Synagoge fielen, die die innere Zerstörung vollständig machten.

Bei der Besetzung Frankfurts durch die Amerikaner wurde das Synagogen-Gebäude sofort von diesen beschlagnahmt und gereinigt. Notdürftig verschönerte man den Kuppelbau mit etwas blauer Farbe und benutzte das Gebäude dann für Not-Gottesdienste, die bei offenen Fenstern abgehalten wurden; abgesehen von amerikanischen Soldaten, wurden sie hauptsächlich von den Insassen des Flüchtlingslagers in Zeilsheim besucht, denn bodenständige Mitglieder eines Frankfurter Judentums gab es damals praktisch nicht.

Diese Übergangszeit war nur kurz; Stadt Frankfurt und Land Hessen beschlossen, die Mittel zum Wiederaufbau der Synagoge zur Verfügung zu stellen. Mit einem Kostenaufwand von 800 000 Mark wurde das Gotteshaus renoviert; die Bauleitung lag in den Händen der Architekten Stadtrat Kemper, Professor Hebebrand und Professor Leistikow. Am 7. September 1950 wurde von der jetzigen jüdischen Gemeinde, die damals 1000 Mitglieder hatte, die Westend-Synagoge wieder eingeweiht. Obwohl sie im ganzen nur 867 Sitzplätze hat, waren 1600 Personen anwesend. Es ist eine Fügung des Schicksals, daß gerade der Rabbiner, der vor 40 Jahren die Synagoge einweihte, bei der Neuweihe wieder die Festrede hielt. Der damals 68 Jahre alte Rabbiner Dr. Georg Salzberger kam von London und sagte: „Wir wollen nicht vergessen, aber vergeben!"

Ach! — Hätte mer die Judde noch!

Verzeelung von em alde Frankforder
im Sommer 1941

I

Jingst hoatt ich en verzwiggte Traum.
Ich träumt vom Doktor Rosenbaum.
Ich soah ihn, wie er leibt und lebt,
Wie er die Aagedeckel hebt,
Un uffsetzt soane goldne Brill. —
Mies woar er sehr, doch koa Schlemihl! —
Ich soag's Euch! — Der verstunn sei Sach!
Er woar gescheit un woar vom Fach!
Verdriwwe dann uff Knall und Fall
Woard er un aach die annern all.
Mit soaner Noas — dick wie ä Gork
Is er nun glicklich in Neu York. —
Als kerzlich von dem schwoarze Meer
Verwundte Truppe koame her,
Woar jedes städt'sche Lazarett
Besetzt — leer woar koa oanzig Bett.
Aachs Krankehaus woar iwwerfillt. —
Vor Schmerze hawwe se gebrillt.
Aus offne Wunde guckde Däärm.
So koame se in goanze Schwäärm.
Mit Blut bedeckt, zerfetzt un bleich,
so geel un keesig wie ä Leich. —

Koa Arzt woar sichtboar, der se pflegt!
Koa Schwester, die ins Bett se legt!
Hier woar dem Rosebaum sei Platz.
Fir so en Chef goab's koa Ersatz. —
Im Kittel stunn doa a Student
Mit scheele Blick un dreck'ge Händ.
Er stiert erum und muckst sich kaum. —
Annerscht woar doch der Rosebaum
Wie dieses „arische" Ärmelloch!
Ach! — Hätte mer die Judde noch!!

II

Verdammt! — Zum Guggug — noch emoal!
Woas Ihr jetzt heert, is ä Schkandaal!
Von „Dribbderbach" koam ich zerick,
Un mitte uff der aale Brick
Leeft mer doa oaner in die Bei
Koam aach vom Schoppe Ebbelwei. —
Er schtumbt mich oa im schnelle Trab,
Ich soag's Eich: Voll woar der! — Net knapp!
Un wie er mich so oageranzt,
Woar ich net faul und schlug dem Wanst
Mit beide Fäust in sei Gesicht. —
Des Aas bracht gleich mich vors Gericht.
Mei Aawalt sperrt net uff sei Schnut!
Des Steuweoos woar halt kei Jud!

Vorm Richter hoatt der Dodesängst,
Konnt redde net, der doofe Hengst!
Er woar en Olwel, — sapperlott!
So dämlich dumm un ääbsch! — Weiß Gott,
Ä jidd'scher Aawalt sicher hätt
Mich glatt uff dem Gericht gerett'!
Schloagfertig woarn se un gelehrt!
Der Richter hätt se aageheert.
Bei dene hätt mei Sach geklappt.
So fiel ich dorch un hoab berappt!
Den Lapparsch hätt Ihr solle seh'! —
Wie ängstlich — schlotternd mit de Bää —
Dem Richter der in'n Hinnern kroch!
Ach! — Hätte mer die Judde noch!!

III

Un komm ich haam, so seegt mei Fraa:
„Meschuckne Zeite sin jetzt doa!
Zu Gärdnern mache se die Böck!
Koan Mensch schafft uff dem rechte Fleck!
Wenn oan der Spitz des Staates steht
Ä hergeloffener Prolet,
Geht ganz nadierlich alles schäpp!
En Dussel is un bleibt ä Depp!
Mer koann oan alle Knoche spier'n,
Daß jetzt die Weißbenner regier'n!

Vom Aastreicher wer'n mer lackiert!
An Moaler hoat uns aagefiehrt!
Er redd en Stuß von Rasseschand!
Den Deiwel moalt er oan die Wand,
Nemmt sich ä Judd zoar Fraa ä Schicks!
Hier wisse mer von ‚Ariern' nix!
Mer sin — wie's Vieh — all unnerm Joch!
Soan oos'ge Krieg verlier'n mer doch!
Woas hawwe se sich bees verrennt!
Jetz, wo's oan alle Ecke brennt,
Wer'n unser Judde all verbannt!
Groad, wenn se needig sin im Land! —
Bei Judde hoab ich gern gekaaft,
Ob se beschnitte ob gedaaft!
Wenn's Fleisch auch koscher woar geschlacht,
Hoats's ‚oser' mer woas ausgemacht!
Geflichel, Eier, Kees und Fisch
Woar'n billig alleweil un frisch.
Beim jidd'sche Bäcker um die Eck
Goab's Frankfords beste Kimmelweck. —
Ihr Läädе woare niemals leer!
Woarum? — Sie woarn' dahinner her!"
Mer koam ebei un seegt: „Mich freut's!
Un immer kraag mer woas Gescheit's!
Wenn sich die Leit um aan bemieh'n,
Geht allemoal mer widder hin!"
So äbbes woare stets de Sprich
Von moaner Alt in unsrer Kich. —

So stunn se doa in ihrer Scherz,
Redd sich de Kummer von ihrm Herz,
Aach greint se mer am helle Doag,
Wischt sich de Treene aus de Aag,
Wenn's Esse von der Kich her roch
Un schennt: *„Hätte mer die Judde noch!“*

Nachwort
20 Jahre später — 31. Dezember 1961

IV

Noch schlepp ich mich zum Ebbelwei,
Sehr loangsoam nur mit loahme Bei!
Un immer kommt mer an der Brick
Die Zeit vor zwoanzig Joahr'n zerick,
Die neue Stoadt gefällt mer net!
Mer hoat sei Esse zwoar — un Bett,
Moderne Häuser un mehr Blatz,
Doch fir Alt-Frankford koan Ersatz!
Gebliwwe sin der Ebbelwei,
Die neie Flichtling und der Mai!
Wertschoafte gibt's jetzt ohne End!
Ä „Wertschaftswunner“ wie mer's nennt!
Koa Stroaßeboan kommt dorchs Gewihl!
Sie kriecht wie oanst die Knochemihl!
Un steht mer drin, werd mer verdriggt,
Zerquetscht un noch scheel oaageblickt! ...

Wie ich gesproche — redd ich noch!
Joa! *„Hätt' mer unser Judde doch!!"*
So manches ging hier net so krumm!
Nie woarn'se schläächt un aach net dumm!
Der deutsche Noame wog wie Gold!
Vor Zeite! — Was Ihr wisse sollt!
Gebrandmarkt is er jetzt — entehrt!
Un krieht nie mehr de alde Wert!
Woar der Prozeß im Juddeland
Fir Deutschland net ä Schmach un Schand?
Un wär'n net all die Judde weg
Hätt' mer am Stecke jetzt kaan Dreck!
Lang bin ich net mehr uff de Bei
Im liewe Frankford an dem Mai.
Ich ruf der Jugend zu im Land:
„Macht Euern Kram mit mehr Verstand!!"

Der Verfasser dieses Frankfurter Mundart-Gedichtes, Fritz Siegfried Weinmann, ist inzwischen in einem jüdischen Altersheim in Frankfurt am Main gestorben. Er ermächtigte den Verfasser dieses Buches zum Abdruck.

Personenregister